만남은
멈추지
않는다

만남은 멈추지 않는다

ⓒ 생명의말씀사 2018

2018년 4월 30일 1판 1쇄 발행
2024년 4월 22일　　　 6쇄 발행

펴낸이 | 김창영
펴낸곳 | 생명의말씀사

등록 | 1962. 1. 10. No.300-1962-1
주소 | 서울시 종로구 경희궁1길 6 (03176)
전화 | 02)738-6555(본사) · 02)3159-7979(영업)
팩스 | 02)739-3824(본사) · 080-022-8585(영업)

지은이 | 김형국

기획편집 | 서정희, 김나연
디자인 | 윤보람
인쇄 | 영진문원
제본 | 다온바인텍

ISBN 978-89-04-16621-3 (03230)

저작권자의 허락없이 이 책의 일부 또는 전체를
무단 복제, 전재, 발췌하면 저작권법에 의해 처벌을 받습니다.

만남은
멈추지
않는다

예수를 만나도
변하지 않는다는 이에게

김형국 지음

생명의말씀사

CONTENTS

들어가며_ 고양이 한 마리가 집에 들어오니…. · 8

1

관심을 가졌지만 · 17

"물론 삶의 변화를 꿈꿉니다.
그런데 어떤 책을 읽어도,
그 누구를 만나도 변하지 않아요.
왜 그럴까요?"

2
영접했지만 · 51

"예수를 믿어요. 세례도 받았어요. 헌금도 하고,
봉사도 하고…. 바르게 살려고 노력합니다.
그런데 나한테 문제가 있다니요…."

3
열심히 믿었지만 · 81

"진짜 중요한 문제여서 열심히 기도했는데…
믿고 간절히 기도했는데 아무런 응답이 없어요.
혼란스럽고 참담합니다."

4

성경을 많이 배웠지만 · 119

"저 사람은 성경을 줄줄 외우는데,
삶과 인격은 그대로네요."

5

은혜를 입었지만 · 153

"처음엔 하나님이 함께하시니
세상이 다르게 보였어요.
큰 위험에서 하나님의 도우심도 받았지요."
그런데 저는… 옛날과 달라진 게 없어요…."

6
교회를 오래 다녔지만 · 185

"십자가를 물고 태어났는데 나는 왜 변하지 않을까?
왜 나에게는 생명력이 없을까?"

7
십자가의 예수를 만났지만 · 219

"나는 예수를 만나 예수와 함께 가는 사람인가?
예수를 만났으나 내 갈 길로 가는 사람인가?"

나가며_ 예수가 내 인생에 들어오시면…. · 249

들어가며

고양이 한 마리가 집에 들어오니….

이년 전 여름, 집 뒤에 있는 북악 스카이웨이를 자전거로 올라가고 있었습니다. 페달을 힘겹게 밟고 있는데, '로드 킬'(road kill, 도로에 나온 동물이 차에 치여 죽는 것)을 당한 듯 보이는 손바닥 반보다 작은 동물이 눈에 들어왔습니다. 끔찍하다 싶어서 그냥 지나치려는데 살아있는 것 같았습니다. 자전거에서 내려 살펴보니, 아직 눈도 뜨지 못하고 탯줄도 끊어지지 않은, 태어난 지 일주일도 안 돼 보이는 새끼 고양이였습니다.

난감했습니다. 그냥 지나치자니 곧 지나갈 차에 치여 죽을 테고, 그렇다고 숲에 던져 놓고 오자니 살 길이 없어 보였습니다. 잠시 고민을 할 수밖에 없었습니다. 살생을 멀리하는 불자는 아니어도 생명의 주인을 알고 있는 목사가 그냥 지나칠 수는 없었습니다. 그래서 한 손에 그 어린 것을 안고 집으로 돌아왔습니다. 손에 느껴지는 따뜻한 온기로 생명의 소중함이 느껴졌습니다.

아내는 어떻게 키우느냐고 난색을 표합니다. 뒤따라 나온 딸은 어느새 품에 안고 들어가서 인터넷으로 새끼 고양이 키우는 법을 검색합니다. 이렇게 새끼 고양이는 우리 집 식구가 되었습니다. 고양이가 먹는 분유를 사서 주사기로 먹이고, 배변 훈련이 안 돼서 티셔츠에 마구 분비물을 묻혀도 우리 가족은 이 작은 생명을 살리기 위해 애썼습니다. 생기를 찾자마자 주둥이를 들이밀며 젖을 찾던 모습과 길에서 데려왔다는 뜻을 담아, 딸은 고양이 이름을 '쥬디'라고 지었습니다.

얼마 지나지 않아 쥬디의 장이 선천적으로 협착하여 배변을 하지 못해 생명을 잃을 처지라는 사실을 알았습니다. 우리 가족은 거금을 들여서 수술을 할 수밖에 없었습니다. 자연에서 왔으니, 혹 문제가 있어도 억지스럽게 병원 치료하지 말고 자연스럽게 보내자는 약속도, 이미 사랑이 들어버린 녀석 앞에서는 무용지물이었습니다.

쥬디는 날이 갈수록 우리 가족의 사랑을 듬뿍 받고 있습니다. 예전에는 가족들이 외출했다가 돌아오면 "엄마, 나 왔어요." "여보, 나 왔어."라고 했지만, 지금은 현관문을 여는 즉시 "쥬디야, 어딨니?"라며 녀석을 찾습니다. 집에 홀로 두고 나오면 가족들은 모두 쥬디 걱정입니다. 가족 여행이라도 가려면 쥬디 걱정부터 먼저 합니다. 홀로 홈스쿨링을 하던 딸은 쥬디가 온 이후로 외로움이 없어졌다며 지극정성이고, 아내 역시 자신을 졸졸 따라다니다가 무릎 위에 자리를 잡고 잠드는 쥬디 때문에 쥬디 엄마가 되었다며 즐거워합니다. 배변 실수를 해서 내가 쥬디를 혼이라도 낼라치면, 도리어 온 가족에게 제가 혼이 납니다. 쥬디가 우리 집에 들어온 이후로 우리 가족의 삶은 정말 180도 바뀌었습니다. 그 여리고 작은 생명이 우리를 이렇게 변화시킬 줄 그때는 몰랐습니다.

고양이 한 마리가 집에 들어와도 삶이 이렇게 변합니다. 그런데 적지 않은 사람들이 예수를 마음에 받아들였는데도 삶은 그대로라고 합니다. 새끼 고양이도 아니고, 인류 역사에 가장 큰 영향력을 끼치고 수많은 인생을 바꾸어 놓았다는 예수가 마음속에 들어왔는데도 왜 아무런 변화가 없을까요? 적지 않은 그리스도인이 변하지 않는 자신과 변하지 않는 가족을 보면서 안타까워합니다.

이 책의 전작인 『만나지 않으면 변하지 않는다』를 펴냈을 때, 새 책을 소개하는 제 SNS 글에 한 청년이 "저는 예수를 만났는데도 변하지 않는데요…"라는 댓글을 달았습니다. 그렇지 않아도 이 주제를 다루어야겠다는 생각을 했던 터라, SNS 댓글을 계기로 그간 성경을 공부했던 자료를 열어 보았습니다.

성경에는 예수를 만나 변화한 수많은 사람과 함께, 예수를 만났지만 변하지 않았던 사람들 또한 있었습니다. 그들의 이야기를 자세히 들여다보면서, 예수를 만났으나 변화하지 않은 이유를 알 수 있었고, 그 문제들이 오늘날 많은 그리스도인의 신앙 여정에 동일하게 나타나고 있다는 사실도 깨달았습니다. 그래서 여기에 일곱 사례를 소개합니다.

  고양이 한 마리가 집에 와도 삶이 바뀌는데, 예수가 내 인생에 들어오셨는데 삶이 변하지 않는다고요? 뭔가 이유가 있지 않을까요? 자, 일곱 명의 이야기를 함께 살펴봅시다.

1

관심을
가졌지만

만남은
멈추지
않는다

"물론 삶의 변화를 꿈꿉니다.
그런데 어떤 책을 읽어도,
그 누구를 만나도 변하지 않아요.
왜 그럴까요?"

한동네에 살아도 다 같은 주민은 아닙니다. 오래 살았지만 자기 집만 드나들면서 동네와 아무 상관없이 지내는 분도 있고, 동네 사정을 두루두루 넓고 얕게 잘 아는 분도 있습니다. 반면, 이사 온 지 얼마 안 됐지만 동네의 유익을 충분히 누리면서 처음 이사 올 때와 달리 씩씩해지고 오히려 다른 사람에게까지 좋은 영향을 미치는 분도 있습니다. 같은 동네에 살아도 참 여러 층의 사람이 있는 것 같습니다.

이 같은 모습을 보면서 목회자로서 세 부류의 교인이 떠올랐습니다.

첫 번째 부류는 교회'만' 다니는 사람입니다. 꾸준히 교회에 출석하지만 이것이 별 의미는 없습니다. 집에 와서 밥 먹고 잠자고 다시 일하러 가는 사람처럼 교회 와서도 위로받고 잠시 쉬었다 갑니다. 그도 아니면 잠만 좀 자고 갑니다.

예수가 누구이고, 그분이 이 세상을 향해 어떤 계획을 세우고 계시며, 나 자신을 향해서는 어떤 뜻을 갖고 계시는지 잘 모릅니다. 이들은 신앙을 고상하고 영적인 일, 경건한 삶의 한 부분 정도로만 여깁니다. 세상에 나가서도 착하게 사는 것 정도면 된다고 생각합니다. 이런 분에게 예배 시간은 정말 재미가 없습니다. 그저 짧게 빨리 끝나야 한다고 믿습니다.

제가 강남의 S교회에서 섬길 때, 1년간 50번가량 설교를 들었습니다. 그 당시 담임목사님은 거의 세계적인 설교자였습니다. 보통 설교는 성경을 해석하고, 설교를 구성하며, 전달하는 세 부분으로 이루어집니다. 100점씩 300점 만점인데, 경탄을 금치 못할 정도로 훌륭했습니다. 매번 담임목사님 설교를 들으면서 깜짝깜짝 놀랐습니다. 야구로 치면 보통 2루타, 3루타, 홈런도 세 번 정도 본 것 같습니다. 번트와 내야 땅볼은 딱 한 번씩 봤습니다. 그런데 더 놀라운 사실은 그런 탁월한 설교를 들으면서 교인들이 존다는 것이었습니다.

보통 부교역자들은 출석한 교인 수를 세는 일을 합니다. 저도 그 일을 하면서 '아, 저분 저기서 또 주무시고 계시네. 이 놀라운 메시지를 들으면서 어떻게 졸 수 있을까?' 하는 생각이 자주 들었습니다. 아마도 그분에게 의미가 없어서였겠죠. 재미가 없으니까요. 교회를 다녀도 다니기'만' 하니까 변화는커녕 잠만 찾아옵니다.

두 번째 부류는 예수를 만났다고 말합니다. 그런데 이분들 역시 별로 큰 변화는 없습니다. 자기는 예수를 믿는다고 생각하고 신앙고백도 합니다. 성경 지식도 꽤 있어서 기독교가 뭔지 물어보면 곧잘 대답도 합니다. 그중에 어떤 사람은 기독교 관련 서적을 상당히 많이 섭렵해서 달변가도 많습니다.

그런데 이상하게도 인격이나 삶에는 큰 변화가 없습니다. 스스로 생각해도 예수 모르는 사람과 별반 다를 게 없습니다. 세월이 지날수록 3년 전, 5년 전 내 모습과 지금 내 모습에 별 차이가 없으니 "나는 왜 늘 똑같지?"라는 질문을 합니다.

우리 교회 성도 중에도 가끔 그런 분이 있습니다. 설교를 열심히 받아 적고 모아서 책처럼 만들어 공부하시는 분이 있었습니다. 얘기를 듣고 무척 감동받았습니다. 그런데 그분의 고민이 "시간이 지나도 저는 변하지 않는 거 같아요."였습니다. 그렇게 열심히 설교를 듣고 공부해도 변하지 않았습니다.

　이런 분은 누가 예수를 사랑한다고 얘기하거나 심지어 사모한다고 말하면 불편해합니다. 예수에 관한 이야기는 알겠고 성경에 관한 이야기도 알겠는데, 예수와 인격적 관계를 맺고 누린다는 이야기만 나오면 불편해합니다. 모두가 그렇지는 않지만, 대체로 그런 경향을 보입니다. 예수를 믿지만 변화가 별로 일어나지 않는 경우입니다.

　세 번째 부류는 예수를 믿어서 변하는 사람입니다. 이런 분들은 '예수를 만나지 않았다면 내 인생이 어떻게 됐을까?' 하는 생각을 하며 구원의 감격을 잊지 않습니다. 저도 한두 번 그런 경험을 했습니다.

　자다가 불현듯 깼는데, 내가 그리스도인이라는 사실, 하나님을 안다는 사실이 너무나 다행스러워서 "휴…" 하고 안도의 숨을 쉰 뒤 다시 잠들었습니다. 어느 날은 눈을 확 떴는데 휘영청 밝은 달빛 밑에 나라는 존재가 '하나님을 알고 그 안에서 변화하는 존재구나.' 싶어서 안도감을 느끼며 다시 잠을 청했습니다.

　극적으로 표현하자면 이런 경험을 하는 사람들입니다. 이들은 자기가 변화하고 있음을 느낍니다. 워낙 이기적이어서 자신만 알았던 사람이 점점 다른 사람을 배려하고 심지어 관심을 갖기까지

합니다. 열등감에 빠져서 늘 타인과 자신을 비교했던 사람이 있는 그대로의 자기 가치를 소중히 여기는 사람으로 바뀌기도 합니다.

늘 혼자여서 마음 나눌 사람이 없다고 생각했는데 '아, 더불어 살 수 있구나.'라는 마음이 들면서 공동체라는 말이 점점 귀에 들어오기도 합니다. 예전에는 다른 사람들이 화려하게 성공한 모습을 보면 너무 부러워서 배도 아프고 어떻게든 자신도 화려하게 치장하거나 성공하고픈 마음이 들었는데, 시간이 지날수록 그런 것들에 별 가치를 느끼지 못함으로써 자유로워집니다.

'세상살이가 다 그렇지.' 하며 허무감에 빠져 있었는데, '내가 할 일이 있다!'라는 생각을 하며 자신의 몫을 찾아 감당합니다. 어떤 분은 "나이가 들어서도 다시 꿈을 꿀 수 있네요."라며 가슴 뛰는 삶의 소감을 전합니다. 이런 이야기를 하는 자신을 보면서 스스로 깜짝 놀라는 변화가 일어나는 거죠.

무엇보다 가장 큰 변화는 지루하고 졸렸던 예배가 어느 순간부터 사라지고 예배의 아름다움을 발견하기 시작하는 것입니다. 하나님과 단둘이 앉아 있는 기도의 순간이 너무나 소중해서, 어떤 때는 만사를 제쳐두고 반나절 하나님과 함께 시간을 보내기 위해 산속으로 들어가든지 조용한 골방을 찾습니다.

예배와 기도의 참 소중함을 알아 가면서 변화가 일어나면 스스로 깜짝깜짝 놀랍니다. 완전한 변화는 없지만, 이런 변화를 경험하는 사람들이 확실히 아는 것은 '내가 지금 변하고 있다.'는 것입니다. '변화가 완료되었다.'가 아니라, 내 안에 '변화가 일어나고 있다.'라며 스스로 놀라는 거죠.

많은 사람이 같은 동네에 살지만, 그냥 집만 드나들면서 동네에 관해 아무것도 모르는 사람이 있고, 동네에 관해 여러 가지를 알지만 그 지식이 자신에게 어떤 영향도 주지 못하는 사람도 있습니다. 그런데 어떤 사람은 갓 이사 왔지만 동네의 유익을 충분히 누리면서 자신뿐만 아니라 주변 사람까지 변화시키는 사람도 있습니다.

교회도 마찬가지입니다. 교회만 다니는 사람이 있고, 그 안에서 예수를 믿는다고 하지만 그 사실이 전혀 자신을 변화시키지 못하는 사람이 있습니다. 반면, 예수를 만나서 실제로 변화하는 사람도 있습니다. 교회 안에서 이런 세 부류의 사람을 목사로서 종종 만나고 발견하게 됩니다.

왜 나는 늘 이대로일까

교회를 다니지만 변화되지 않는 사람들을 만날 때 참 안타깝습니다. 자신의 인생에 변화가 필요한데 어떻게 해야 할지 모르겠다는 분을 만나면, 특히 이런저런 노력을 다 해봐도 변하지 않는다는 분을 만나면, 어떻게 도와드려야 하나 고민이 됩니다. 이들은 변화를 꿈꾸지만 늘 제자리라고 고백합니다.

한편, 변화가 필요한데도 변화의 필요성을 아예 못 느끼는 분들도 만납니다. "어휴, 변화? 그런 거 없어요. 그냥 살다가 죽는 거죠."라며 체념해버린 분들입니다. 이들을 만날 때도 참 안타까웠습니다. 하지만 가장 안타까울 때는 변화의 가능성 자체를 아예 믿지 않는 분들을 만날 때입니다. "사람 안 변해요. 나도 안 변하고, 그 누구도 안 변해요."라며 굳은 신념 속에서 살아갑니다.

이들이 너무너무 안타까웠습니다. 물론 사람이 가진 고유의 개성과 형질은 바뀌지 않지만, 사람은 성장하고 성숙합니다. 새로운 지식이나 사상을 받아들여 행동과 삶이 바뀌기도 합니다. 그래서 사회와 역사를 공부합니다. 오래된 습관이 바뀌기는 어렵지만 새로운 습관으로 대체되는 경우도 적지 않습니다. 금연에도 성공하고, 건강한 식습관과 운동으로 몸도 건강하게 만듭니다.

무엇보다 특별한 사람을 만나면 사람은 변합니다. 좋은 쪽으로든 나쁜 쪽으로든 말이죠. 어떤 친구를 만나느냐로 인생이 바뀌고, 좋은 선생님을 만났는가가 인생에 큰 영향을 끼칩니다. 사업 파트너나 직장 동료와 선배로 누구를 만났느냐에 따라 삶의 성패가 좌우되기도 합니다. 더군다나 자신이 선택한 배우자와 자신이 선택하지 못하는 부모와의 만남은 우리 인생의 방향을 결정하다시피 합니다.

하지만 어떤 사람은 책을 읽어도 변화가 없고, 새로운 습관을 만들지도 못하며, 누구를 만나도 그로 인해 특별한 변화가 일어나지 않습니다. 왜 그럴까요? 여러 이유가 있겠지만, 자신이 어떤 존재인지, 문제가 얼마나 심각한지를 자각하는 것이 중요한 요소인 것 같습니다.

자신이 뭐든지 다 알고 있다고 생각하고, 새로운 것을 배울 생각이 없는 사람은 책을 읽어도 변하지 않습니다. 자신의 오랜 습관에 심각한 문제가 있어서 새로운 습관을 만들어야 한다는 사실을 절감하지 못하면 옛 습관에서 좀처럼 벗어나지 못합니다. 사람을 만나도 그 사람이 자신에게 얼마나 소중한 사람인지, 다시 말해 그 사람이 자신에게 얼마나 필요한 존재인지를 인식하지 못하면, 진정한 인격적 교류 대신 피상적인 관계만 맺습니다. 그러면 변화는 일어나지 않습니다.

예수와의 만남은 어떤가요

사람들은 예수가 인류 역사에 끼친 영향이나 다른 사람을 변화시킨 이야기를 듣고서는 관심을 갖습니다. 그러고는 예수를 이런 저런 모양으로 만납니다. 하지만 관심을 가지고 만났다고 해서 모두가 변화를 경험하는 것은 아닙니다.

자신이 어떤 상태인지, 상대방인 예수가 누구이신지를 잘 알지 못하면, 관심을 가지고 만났을지라도 그 만남은 스쳐 지나가는 만남으로 끝납니다. 더 나아가 자신이 가지고 있던 고정관념이 더 강화되기도 합니다. 그래서 어떤 이들은 처음에는 예수께 관심을 보이고 만나지만, 결국 스쳐 지나가고 더 이상 예수께 관심을 갖지 않는 경우도 있습니다.

누가복음 5장 29-32절에는 세 부류의 사람이 등장합니다. 이들 모두가 예수께 관심을 가졌지만, 두 부류는 변화되지 않습니다. 그들 역시 변화의 문턱까지는 갑니다. 하지만 오직 한 부류의 사람만이 진정한 변화를 경험합니다.

> 레위가 자기 집에서 예수에게 큰 잔치를 베풀었는데, 많은 세리와 그 밖의 사람들이 큰 무리를 이루어서, 그들과 한 자리에 앉아서 먹고 있

었다. 바리새파 사람들과 그들의 율법학자들이 예수의 제자들에게 불평하면서 말하였다. "어찌하여 당신들은 세리들과 죄인들과 어울려서 먹고 마시는 거요?" 예수께서 그들에게 대답하셨다. "건강한 사람에게는 의사가 필요하지 않으나, 병든 사람에게는 필요하다. 나는 의인을 부르러 온 것이 아니라, 죄인을 불러서 회개시키러 왔다."(새번역)

레위는 당시 로마 치하에 있던 이스라엘 백성에게서 세금을 거둬들이는 세금 징수원이었습니다. 그가 예수의 부르심을 받고, 세관을 떠나 자신의 과거와 단절하고, 예수를 따라나서면서 잔치를 베풉니다. 그 잔치에 초대받은 예수가 그와 함께 먹고 마십니다. 유명한 이 짧은 구절에서 누가복음 전체뿐만 아니라 사복음서 전체에서 예수가 만났던 세 부류의 사람을 발견할 수 있습니다. 이들 모두 예수께 관심이 있었습니다.

건강 의인

첫 번째 사람은 '건강 의인'입니다. 건강 미인은 들어봤겠지만 건강 의인은 처음 들었을 것입니다. 적절한 단어가 없어서 제가 한번 만들어 본 단어입니다. 방금 읽은 성경 이야기의 중심에는 레위라는 인물이 있습니다. 그는 특히 이스라엘 동족에게 손가락질 당하는 사람이었습니다. 세금을 거둬서 일정액만 로마에 바치고 나머지는 착복하는 세금 징수원으로, 민중의 고혈을 최대한 많이 짜내 자기 몫을 키우는 부류였습니다. 뿐만 아니라 이스라엘 사람은 이방인과 관계 맺는 일을 극도로 불결하다고 여겨 악수도 하지 않았는데, 이들은 로마인과 일하면서 붙어 다녔습니다.

그래서 종교적으로도 타락한 존재라고 여겨졌습니다. 우리로 치면 일제강점기의 일본인 순사 앞잡이 정도로 생각하시면 됩니다. 어쩌면 그보다 훨씬 더 질 낮은 사람이었습니다. 자기 민족의 등을 쳐서 먹고 살 뿐 아니라 종교적으로 타락했으니까요. 그래서 보통은 몸을 파는 여인들과 같은 범주로 취급당했습니다. 앞에서 읽은 성경 구절에서 '세리들과 죄인들'이라고 병기했는데, 죄인들이 바로 이 여인들을 가리킵니다.

그런 사람 중 한 명인 레위를 예수가 제자로 삼습니다. 그러고는 그 집에서 잔치를 벌입니다. 그 자리에 하나님의 율법을 철저히 지킨다고 자부하는 바리새파 사람들이 찾아왔습니다. 그들이 예수에게 따져 묻습니다. "당신은 이스라엘의 선생이며 지도자라면서, 어째서 가장 악독하고 타락한 이들과 함께합니까? 어떻게 이들과 한 상에서 먹고 마실 수 있습니까?" 오늘날로 치면 룸살롱 같은 곳이라고 할 수 있을까요? 영화에서 보면 권력가나 사업가들이 갖는 술자리가 나옵니다. 그런 곳에 예수가 가서 잔치를 하고 있는 것입니다.

사실, 건전한 상식을 지닌 사람으로서는 도저히 생각도 못할 장소에 예수가 앉아 있는 상황입니다. 그것도 그냥 수동적으로 앉아 있는 것이 아니라, 주빈으로 초대되어서 먹고 그들의 환대를 받고 있는 것입니다. 그래서 바리새인들이 묻는 겁니다. "어리석은 민중을 바로 이끄는 사람이라면서 어떻게 엉망진창인 더러운 인간들과 뒤섞여 먹고 마십니까?"

그 질문에 예수는 이렇게 대답합니다. "건강한 사람은 의사가 필요 없고, 병든 사람은 필요하다. 나는 의인을 부르러 온 것이 아니라 죄인을 불러서 회개시키러 왔다." 여기서 바리새파 사람들은 스스로를 건강한 의인이라고 생각하고 있습니다. 이들을 '건강 의인'이라고 할 수 있습니다. 오늘날에도 이런 분들이 많이 있습니다. 사회에서 일정 부분 성공하고 자기 영역에서 자리를 잘 잡은 분들입니다. 어떤 면에서는 사회 지도층일 수 있습니다. 아니면 크게 성공하지 않았어도 다른 사람에게 손 벌리지 않고 모범적으로 살아가는 분들이라고 할 수 있습니다. 이런 분들이 '건강 의인'일 수 있습니다.

이분들은 자신에게서 특별한 문제점을 발견하지 못합니다. 대신 이렇게 생각합니다. '세상에 문제 있는 사람이 얼마나 많은데. 내가 의인은 아니지만 나만큼만 살라고 해.' 이분들은 참 열심히 삽니다. 반듯하게 삽니다. 크고 심각한 불법은 피하고 관여하지 않으려 노력합니다. 약간의 타협은 누구나 하는 것이라며 넘어가지만, 사회 문제가 될 만한 행위는 하지 않으려 애씁니다.

이런 분들 중에 자신감이 넘치고 양심적으로 살아가는 사람이 많습니다. 특별한 결핍이나 하자가 없습니다. '나만큼 살면 세상이 이렇게 엉망이 되지 않을 텐데….'라고 굳이 말로는 안 해도 마음속으로는 그런 생각을 합니다. 진정 '건강 의인'이라 할 수 있습니다. 이런 분들이 볼 때 예수는 말도 안 되는 허접한 인간들, 검은 돈을 만지며 자기 민족을 팔아먹는 사람들과 성매매 여성들 사이에 들어가 태연히 앉아 있는 겁니다. 예수가 만난 사람 중 한 부류가 이런 분들입니다. 그런데 이런 분들은 변하지 않습니다.

병든 죄인

두 번째 사람은 건강 의인에 대조되는 '병든 죄인'입니다. 누가복음에서는 레위를 비롯한 많은 세리와 그 밖의 사람들이 큰 무리를 이루었다고 이야기하는데, 마태복음과 마가복음에서는 많은 세리와 죄인들이라고 아예 못 박아 이야기합니다. 앞에서도 이야기했지만 여기서 말하는 죄인들은 성매매 여성들입니다.

'세리와 죄인'은 늘 한 짝으로 취급당했습니다. 이들은 자타가 공인하는 죄인이었으며 로마에 빌붙어 살았습니다. 또한 종교적으로나 윤리적으로도 불결했기 때문에 이방인보다 더 타락한 사람으로 여겨졌습니다.

오늘날에도 예수를 만나는 사람 중에 이 같은 병든 죄인이 있습니다. 여기서 병들었다는 말은 단지 육체에 문제가 생겼다는 말이 아니라 '나한테 뭔가 문제가 있어. 내 삶은 어딘가 잘못됐어'라고 인지하고 있다는 것입니다. '양심에 걸리는 일이 많아. 떳떳하지 않은 부분들이 있지.'라고 스스로 말할 수 있는 사람입니다. '내 인간관계에 문제가 있는 것 같아. 나는 진정으로 사람을 잘 사랑하지도 못하고, 사랑을 잘 받지도 못해.'라고 느끼는 사람입니다.

그래서 자신의 삶터와 일터에서 맺는 많은 관계 속에서 문제를 느끼는 정도를 넘어서서 절망의 마음을 갖기도 합니다. 더 나아가 인생을 살아갈수록 '이렇게 사는 것이 맞나? 이렇게 살다가 늙어서 결국 죽는 것인가?' 하는 본질적인 질문에 답이 없다고 느끼는 사람입니다. 다시 말해 병든 죄인이란 인생을 살아가면서 자신의 결핍과 문제를 발견하는 사람입니다.

물론 앞에서 읽은 성경 본문의 세리와 죄인들처럼 누가 봐도 문제가 있는 사람은 쉽게 자신을 '병든 죄인'이라고 느낍니다. 그러나 겉보기에 멀쩡해서 별 문제 없어 보이지만, 다른 사람이 알지 못하는 문제로 부대끼고 있다면 병의 경중은 다를지라도 병든 죄인입니다. 열등감이나 삶에 대한 무기력 또는 다른 사람과의 관계 문제, 궁극적으로는 인생의 의미와 목적까지, 내게 문제가 있다고 느낀다면 병든 죄인이라 할 수 있습니다.

모든 병이 그렇지만 병은 몸에 문제를 일으키고 결국은 장애를 가져옵니다. 병든 죄인은 자신의 문제가 결국 더 큰 문제를 부를지 모른다는 두려운 예측을 무의식적으로 하기도 합니다.

그런데 병든 죄인이라고 해서 다 변하지는 않습니다. 스스로를 병든 죄인이라고 생각해도 변하지 않는 이유는 '나만 그런가? 다 그렇게 살지.'라는 자기 합리화에 빠지기 때문입니다. 심각한 문제는 한국 사회가 전반적으로 이런 태도에 물들어 있다는 것입니다. 가령 청문회를 봐도 늘 똑같은 레퍼토리입니다. 자리만 바꿔 앉았지 나오는 이야기는 대동소이합니다. 똑같은 사람이 이쪽에 앉으면 고함치고, 저쪽에 앉으면 죄인이 되는 식입니다. 그러면서 "세상은 다 그래. 엉망이잖아. 그 정도 불법 안 저지르는 사람이 어디 있어, 안 그래?"라며 합리화합니다.

자기 합리화와 반대로 행동하는 경우도 있습니다. "난 어쩔 수 없어."라며 스스로를 아예 가능성 없는 구제불능이라고 생각합니다. "이런저런 노력을 해보았지만 별 효력이 없어. 난 안 돼."라고 자포자기와 자기 학대에 빠집니다. 그 상태에 머뭅니다. 이들 역시 변화의 길로 접어들기 어렵습니다.

회개한 병든 죄인

예수께서 건강한 사람과 병든 사람이라고 말씀하셔서 '건강 의인'과 '병든 죄인' 두 부류만 있다고 생각할 수 있습니다. 하지만 또 다른 부류가 있는데 그들이 바로 '회개한 병든 죄인'입니다. 바리새파 사람들의 질문에 예수께서 답하시면서, 요즘 식으로 말하자면 '사명선언서'를 언급합니다. 예수께서는 자기 사명이 무엇인지가 선명했으며, 이를 "내가 온 것은…"이라는 표현으로 여러 군데서 말씀하셨습니다. 그중 하나가 앞에서 언급한 누가복음 5장입니다. 예수는 자신의 사명이 "죄인을 불러서 회개시키는 것"이라고 말씀하십니다.

앞선 살펴본 두 부류는 회개와는 거리가 먼 사람들입니다. 건강 의인은 '나만큼만 살라.'며 회개할 것이 없다고 생각합니다. 병든 죄인은 '다 그렇잖아.'라며 합리화하거나 자기를 학대하며 절망과 체념에 빠져서 자신을 돌이키지 않습니다. 하지만 그들 가운데서 회개하는 사람이 나옵니다. 레위가 바로 그런 사람이었습니다.

  레위는 사람들이 자신을 손가락질한다는 사실을 알고 있었고, 아마도 그 문제를 내면 깊은 곳에서부터 고민하고 있었을 겁니다. 겉으로는 성공하고 부를 쌓았지만 사회적으로 무시당하고 내면 깊이 고통을 겪고 있는 레위를 예수께서 부르셨습니다. 그러자 레위는 일하고 있던 세관에서 벌떡 일어나 예수를 따릅니다. 지금까지 살아왔던 삶의 방향을 바꾼 것입니다.

  이것이 바로 회개입니다. 회개는 지난날의 나를 돌아보면서 슬퍼하고 후회만 하는 게 아니라 삶의 양식을 바꾸는 것입니다. 우리는 슬퍼하고 후회하는 것을 회개라고 생각하는 경향이 있습니다. 하지만 회개는 그 이상입니다. 지금까지 자기가 중심이 되어서 자기 멋대로 살던 사람이 하나님 중심으로 삶의 근본 중심을 바꾸는 '생의 전환'이 회개입니다. 하나님 없는 세상에서 내가 주인 되어 내 멋대로 살았는데, 이것이 잘못이었다고 깨닫는 것입니다.

  단지 윤리적 문제나 도덕적 흠결이 아니라 더 본질적인 문제인 하나님과의 관계에 눈 뜨는 것입니다. 기독교에서 말하는 회개는 하나님과의 관계를 회복해야겠다고 결단하는 것입니다. 그렇게 결단하는 사람만이 변화할 수 있다고 이야기합니다.

이 문제가 굉장히 중요합니다. 앞선 두 부류의 사람은 다른 사람과 나를 비교하는 과정을 거친 다음에, 자신은 별 문제가 없거나, 어차피 모두 다 어쩔 수 없고 비슷하다며 변화를 유보합니다. 하지만 변화하는 사람은 다른 누구와 비교해서가 아니라, 절대적인 하나님 앞에서 내가 살아온 방식에 문제가 있다는 것을 절감하고 자신에게 변화가 필요하다고 절감하는 사람입니다. 이 사실을 인정한 사람만이 회개할 수 있으며 변화의 길로 들어섭니다.
안타깝게도 많은 사람들은 죄를 상대적 개념으로 생각하고 다른 사람과 비교해서 죄가 없다고 생각합니다. '나 정도면 나쁘지 않다.'라고 생각하는 경향이 많습니다. 하지만 그것이야말로 변화를 가로막는 가장 큰 걸림돌입니다.

나 정도면 나쁘지 않아

아주 오래된 우화입니다. 랍비 앞에 두 사람이 왔습니다. 한 사람은 "저는 정말 죄인입니다."라고 이야기하고, 다른 한 사람은

"저는 죄를 그리 많이 안 지었습니다. 솔직히 저만큼만 살면 괜찮다고 봅니다."라고 했습니다.

그러자 랍비는 말없이 두 사람에게 자루를 하나씩 주었습니다. 죄인이라고 말한 사람에게는 들기 어려울 정도로 큰 돌 하나를, 죄인이 아니라고 하는 사람에게는 작은 돌을 들기 어려울 정도로 많이 모아서 가져오라고 했습니다. '이상한 일을 시키네.'라며 한 사람은 큰 돌 하나를, 다른 한 사람은 작은 돌을 자루 가득 주워서 가져왔습니다.

돌아온 그들에게 랍비는 말합니다. "이제 그 돌을 제자리에 가져다 놓으세요." 큰 돌을 가져온 사람은 금방 갖다 놓았습니다. 하지만 작은 돌을 잔뜩 지고 온 사람은 "이걸 어떻게 다 제자리에 갖다 놓습니까?"라며 난색을 표했지요.

분명히 알 수 있는 큰 죄와 기억하기도 어려운 작은 죄들이지만 무게는 똑같았습니다. 큰 죄는 큰 돌이 있었던 자리만큼 분명하지만, 자잘한 죄들은 작은 돌들처럼 어디에 있었는지 알 수가 없습니다. 어떤 사람은 눈에 보이는 큰 죄를 짓고, 어떤 사람은 자잘한 죄를 곳곳에서 지으며 삽니다.

물론 우화는 한계가 있지만, 여기서 얻을 수 있는 교훈은 자기 죄를 다른 사람의 죄와 비교하기 시작하면 죄인이 아닌 사람이 대다수라는 사실입니다. 그 누구도 스스로를 죄인이라고 생각하지 않을 수 있습니다. 나보다 더 심한 죄인이 늘 있기 때문입니다. 내가 들고 있는 돌보다 큰 돌을 들고 있는 사람은 늘 있기 마련이죠.

그러나 성경이 말하는 죄는 상대적 개념이 아닙니다. 다른 사람과 상관없이, 나와 절대자이신 하나님과의 문제입니다. 하나님과의 관계에 문제가 있기 때문에, 다른 모든 부분이 그 영향으로 비뚤어지기 시작합니다. 하나님을 무시하고 그분과의 관계가 깨진 것이 죄의 본질이며, 이로 인해 나의 정서나 신체, 사회적 관계와 기타 모든 영역이 어긋나는 것이라고 성경은 이야기합니다.

거울이 없다

지금까지 이야기했던 세 부류의 사람, 건강 의인과 병든 죄인, 회개한 병든 죄인 모두 예수에 대해 관심을 가지고 예수를 만났지만 마지막 사람만 변했습니다. 이 같은 변화를 위해서는 자신을 정직하게 바라보는 것이 중요합니다. 레위의 잔칫집 이야기에서 얻을 수 있는 가장 중요한 교훈은 예수에 대한 관심만으로는 사람이 변하지 않으며, 반드시 필요한 것은 '진실한 성찰'이라는 것입니다. 성찰(reflection)은 말 그대로 자신을 거울에 비춰보는 것입니다. 그런데 성찰이 쉽지가 않습니다. 성찰이 어려운 이유는 거울이 없기 때문입니다.

현대인이 자주 사용하는 거울은 다른 사람입니다. 남에 비추어 자신을 평가합니다. 자기보다 훌륭하고 나은 사람과 비교하는 삶이 몸에 밴 사람은 늘 열등의식에 빠집니다. 반대로 자기보다 못난 사람이나 부족한 사람과 비교하는 것에 익숙한 사람은 은근한 우월의식에 젖어 삽니다. 보통 사람들은 이 둘 사이를 왔다 갔다 합니다. 이처럼 왜곡된 성찰이 넘쳐날수록 진정한 성찰은 어려워집니다.

여기에 오늘날 그리스도인은 다른 그리스도인 때문에 성찰의 어려움을 겪기도 합니다. '예수를 잘 믿는다는 사람도 나랑 별반 다르지 않던데.'라고 생각하는 사람이 적지 않습니다. 이런 생각은 반은 맞고 반은 틀렸습니다.

변화에는 시간이 필요하며, 그리스도인이라도 눈에 띄는 변화를 보이기까지는 상당한 시간이 걸리므로 '별반 다르지 않다'는 생각은 섣부른 판단일 수 있습니다. 하지만 실제로 아무런 변화 없이 교회만 왔다 갔다 하는 그리스도인도 많은 시대이므로 반은 맞는 이야기입니다. 뭔가에 비추어 나를 성찰해야 하는데, 그리스도인조차 주변에서 자신을 제대로 비춰 볼 거울을 찾기가 쉽지가 않습니다.

나를 먼저 만나야 한다

거울이 없는 것도 성찰을 어렵게 하지만, 현대인에게는 또 다른 걸림돌이 있습니다. 우리는 어지간한 위기나 결핍이 있어도 자기 성찰로 들어가지 않을 수 있습니다. 현대 사회에는 자기 자신에게 심각한 질문을 던지지 못하게 하는 수많은 장치가 있기 때문입니다. 옛날에는 힘들면 잊어버리기 위해 술을 마시고 취하는 정도였습니다. 그러나 요즘은 술 말고도 혼을 쏙 빼놓는 강력한 장치가 너무 많습니다.

사람들이 휴대폰에서 얼굴을 떼지 못합니다. 별로 중요하지 않아도 수많은 정보가 흘러 다니고, 그 속에 빠져 있으면 내 문제를 잊어버릴 수 있습니다. 세상과 나를 잠시, 또는 꽤 긴 시간 잊게 하는 게임이나 드라마가 넘쳐납니다. 요즘은 텔레비전만 켜면 채널마다 소위 먹방들이 쏟아집니다. 음식에 탐닉하는 흐름은 한국 사회가 경제적으로 조금 더 부유해지면 집과 인테리어, 휴가와 여행에 탐닉하는 세태로 바뀔 것입니다. 이렇듯 세상에는 한 번 시작하면 끊기 어려운 것들이 즐비합니다. 이런 것들로 우리는 자기 성찰을 피하고 있습니다.

또한 현대 사회가 점점 고도화하고 그에 맞추어 사법 체계도 정교해지면서 잘못을 저지르면 예외 없이 법적 불이익을 받습니다. 예전에는 양심이나 도덕에 따라 움직였지만 지금은 벌금을 내거나 더한 처벌을 받을까 봐 사회가 정해놓은 범위 안에서 움직입니다. 나를 돌아보기보다는 법이나 규정을 어기지 않는 것에만 몰두합니다. 이것이 사회로서는 진보일 수 있지만, 개인으로는 특별한 위법을 행하지 않는 한 꽤 괜찮은 시민으로 산다고 생각하게끔 만들어 성찰할 기회를 앗아 가기도 합니다. 내가 누구인지, 우리가 누구인지를 생각할 기회를 점점 잃어 가고 있습니다.

하지만 자기 자신을 돌아보지 않으면 하나님을 만날 수 없습니다. 자기를 성찰하지 않으면 예수를 만날 수 없습니다. 인간이 가진 놀라운 기능 중 하나가 성찰입니다. 동물은 가지지 못한, 동물과 구별되는 특징입니다. 모든 인간은 자신을 성찰할 수 있습니다.

예수를 만나 변하고 싶다면 나를 먼저 만나야 합니다. 진짜 내가 누구인가? 그것이 첫 번째 관문입니다. 이때 인간의 양심은 놀라운 역할을 발휘합니다. 하나님을 잘 모른다 해도 양심에 자신을 비추어 보았던 사람은 자신의 한계와 더 나아가 죄인됨을 발견하고, 결국 그리스도인의 길로 들어서는 경우가 있습니다. 이처럼 인간은 자신을 비추어 보는 놀라운 능력을 갖고 있습니다.

그리스도인이라면 예수를 만난 다음에도 일상에서 자신을 성찰하는 훈련을 합니다. 예수를 만난 사람들의 특징입니다. 아니 특권입니다. 왜 그럴까요? 자신을 비춰 볼 수 있는 거울을 획득했기 때문입니다. 예수 그리스도를 통해서 하나님을 알게 되고, 이러한 살아 있는 지식이 거울이 됩니다. 그리스도인은 맑고 깨끗한 거울을 만난 사람입니다. 그래서 그리스도인으로 산다는 것은 예수를 만나기 전에는 양심을 통해서, 그리고 만난 후에는 하나님에 대한 살아 있는 지식이라고 할 수 있는 맑고 깨끗한 거울을 통해 끊임없이 자신을 비추어 보며 사는 것입니다.

자신을 정직하게 바라본 만큼 사람은 변화를 경험합니다. 어쩌면 자신을 성찰하는 것은 신앙을 갖는 것 이전에 필수적으로 중요한 부분입니다. 자신을 정직하게 바라보는 사람만이 변할 수 있습니다.

내 모습 그대로 만날 수 있는

하지만 자기 자신을 정확하게 바라보면 바라볼수록 절망할 수밖에 없습니다. 깨끗한 거울에 비춰 보면 비춰 볼수록 절망감은 커집니다. 흐린 거울에 비출 때와 달리 더 큰 절망이 찾아옵니다. 자신의 실체를 적나라하게 보게 되니 고개를 떨굴 수밖에 없습니다.

여기서 우리가 해야 할 두 번째 일이 등장합니다. 우리를 비춰

보는 거울인 예수가 누구인지를 바로 알아야 합니다. 이는 자신을 바로 성찰하기 위해서 꼭 필요합니다. 예수를 제대로 아는 만큼 내 모습도 정확해지기 때문입니다. 예수를 얕게 알면 그에 비친 내 모습도 얄팍해집니다.

많은 이들이 예수를 안다고 대답합니다. 대다수가 교리적 답변을 내놓습니다. "하나님의 아들이죠. 십자가에서 죽으셨다가 부활하신 분이죠. 이 세상에 다시 오실 분입니다." 하지만 이는 예수를 아는 것이 아닙니다. 어찌 보면 누가 몇 년생이고, 어느 학교를 나왔으며, 체중이 얼마나 나가고, 자녀는 몇 명인가 하는 일반적 정보입니다.

그런데 앞에서 읽은 성경 구절은 예수를 누구라고 말합니까? 참 놀랍습니다. 바리새파 사람들이 예수의 제자들에게 묻습니다. "어째서 당신들은 세리들과 죄인들과 어울려서 먹고 마시는 거요?" 이에 대한 예수의 답은 앞에서 보았듯이 단호했습니다. "나는 의인을 부르러 온 것이 아니라 죄인을 불러서 회개시키러 왔다."

풀어보면 이렇습니다. 예수는 어떤 분입니까? 세리와 죄인과 어울려 먹고 마시는 분입니다. 예수는 자신을 정직하게 바라보는 사람, 자신의 한계를 절감하는 사람, 그들과 함께하시는 분입니다. 자신을 성찰하고 '난 희망이 없어요. 난 병자입니다. 난 죄인입니다.'라고 절감하는 사람에게 "그래, 넌 못난 놈이지, 넌 죄인이야."

라고 말하는 분이 아니라, 그들과 어울려 먹고 마시는 분입니다.

예수가 누군지 바로 알아야 합니다. 예수께 관심을 가진다고 예수를 제대로 만날 수는 없습니다. 예수에 대한 객관적 진리를 교리적으로 안다고 해서 실제로 아는 것도 아닙니다. 있는 그대로의 나를 정직하게 바라고 계시는 그분, 때로는 절망스럽고 혐오스럽기까지 한 나를 찾아오셔서 함께 먹고 마시는 그분을 알아야 한다는 것입니다.

사연 있는 만남

『만나지 않으면 변하지 않는다』에서 살펴보았듯이 예수는 외로운 사마리아 여인을 찾아갑니다. 허울뿐인 종교적 껍데기를 쓰고 텅 빈 마음으로 찾아온 니고데모와 대화를 나눕니다. 세상에서 크게 성공한 듯 보이지만 여기저기서 손가락질 당하는 삭개오의 집을 찾아가 그 마음을 만져 주십니다. 하루를 완전히 허탕 치고 피곤한 일상에 찌든 베드로를 찾아가 도전하십니다. 외아들을 잃고 세상이 무너지는 아픔에 갇힌 나인성 과부에게 울지 말라며 눈물을 닦아 주십니다.

이처럼 예수는 우리와 먹고 마시며 개인적 관계를 맺기 원하는 분입니다. 그 예수를 아는 것이 우리가 변화할 수 있는 가장 중요한 관건입니다. 그래서 예수를 만나서 변화한 사람에게는 자기 사연이 있습니다. 예수는 단지 우리를 위로하고 반창고를 붙여 주시는 분이 아닙니다. 나를 위한 치유책을 주십니다. 그러므로 우리는 그분이 제시하는 치유책이 무엇인지에 귀를 기울여야 합니다.

그런데 쉽지가 않습니다. 그 치유책을 받아들여 진정으로 변하려고 하면 장애물이 기다렸다는 듯 나타납니다. 누가복음에는 다양한 장애물을 만나는 이들이 나옵니다. 예수는 그 장애물을 넘어갈 수 있도록 그들을 이끕니다.

앞서 살펴보았던 '건강 의인'과 '병든 죄인'이 예수께 관심을 가지고 다가갈 때, 예수께서는 자신이 세상에 온 이유를 알려 주십니다. 자기가 병든 죄인임을 깨달은 자를 불러서 회개시키는 것이라고 말씀하십니다. 예수께서 이 만남을 통해 자신이 누구이신지 말씀하시고 또한 그들 자신이 누구인지 알려 주셨듯이, 사람마다 다르게 각자 자신의 장애물을 넘게 하십니다.

오늘날에도 예수와의 만남에서 여러 장애물을 경험하는 분들을 주변에서 자주 만납니다. 앞서 살폈듯이 예수께 관심이 있지만 자신을 정직하게 바라보지 못하는 사람이 있습니다. 그리고 예수를 영접했지만, 최선을 다해 열심히 믿었지만, 성경을 늘 배우고 익혔지만, 놀라운 기적을 경험했지만, 어릴 적부터 교회를 다니며 하나님을 오래 믿었지만, 그리고 십자가에서 죽으신 예수를 만났는데도 결국에는 변하지 않는 사람이 있습니다.

이 책에서 이런 사례를 하나씩 다루려 합니다. 이분들의 공통점은 신앙생활과 관련해 무언가를 했지만, 여러 내적 장애물을 만났다는 것입니다. 하지만 예수는 이런 사람들을 끊임없이 찾아가 만납니다.

이 글을 읽고 있는 당신 역시 이런저런 신앙생활을 했지만, 넘지 못하는 뭔지 모를 장애물이 있지는 않은지요. 예수는 그런 당신에게도 찾아가고 싶어합니다. 그의 말에 귀를 기울여 보십시오. 겉으로 드러나는 신앙생활 너머에 있는 내적 장애물을 넘도록 도우시는 예수께 집중해보십시오. 그 예수를 만나면 거기에서 사연이 생깁니다. 그것이 나를 실제로 변화시키기 시작합니다.

평생의 동반자

마지막으로 한 가지 중요한 이야기를 꼭 짚고 넘어가야겠습니다. 변화에 대해 오해하지 마십시오. 참된 변화는 일회적으로 이루어지지 않습니다. 급진적 회복이나 치유도 있지만 대개는 지속적으로 일어납니다. 하루아침에 변하는 것이 아니라 꾸준히 조금씩 이루어집니다. 어느 한 영역만 변하면 될 줄 알았는데, 한 영역이 변하면 연결되어 변화해야 할 또 다른 영역이 보입니다.

인생은 이렇게 여러 영역들로 연결돼 있습니다. 그 영역들을 차근차근 점진적이며 차례대로 변화시켜 나가면서 우리로 하여금 온전한 인격을 지니게 하는 것, 다른 말로 하면 예수 닮은 사람으로 바꿔 나가는 것이 그분이 우리를 통해 하고 싶어 하는 놀라운 일입니다.

그리스도인의 삶은 예수를 만나서 평생 성숙해 나가는 여정입니다. 예수를 만나서 정말 변화하고 싶다면 단지 예수께 관심을 가지는 것을 넘어서서, 자신을 먼저 성찰해야 합니다. 예수를 주일에 잠깐 옷깃을 슬쩍 보이고 사라지는 분이 아니라, 내가 보기에도 부끄럽고 문제가 많으며 한계가 분명한 나를 찾아오시는 분으로 만나야 합니다. 평생 그분을 알아 가면 좋겠습니다. 그분이 내 삶의 고비마다 주시는 치유책에 귀 기울이면서 말입니다. 이런 만남은 변화를 가져올 수밖에 없습니다.

예수께 관심을 갖는 것은 출발점일 뿐 충분하지 않습니다. 관심을 넘어서서 살아 계신 예수를 지속적으로 만나면 변화는 반드시 따라옵니다. 죽은 예수, 문자에 갇힌 예수, 교리로 외운 예수, 다른 사람이 이야기하는 예수를 만나면 그 예수는 당신을 변화시키지 못합니다. 하지만 한 사람 한 사람에게 찾아오시는 예수, 그 사람에게 필요한 치유책을 주시는 예수를 알아 가고 만나면 변화는 일어날 수밖에 없습니다. 예수에 대한 관심을 넘어서서 자신을 진실하게 성찰할 때, 우리를 찾아오시는 예수를 만날 수 있습니다.

앞으로 이어질 여러 사례에서도 "예수가 누구이신가"를 알아 가는 것과 "내가 누구인가"를 성찰하는 것은, 예수를 만나 진정으로 변화할지 말지를 결정하는 중요한 요소로 등장합니다. 세상 모든 사람은 정도의 차이가 있을 뿐 예수께 관심이 있습니다. 그 관심이 진정한 변화로 이어지기 위해서는 이 두 질문이 필요하며, 이는 우리에게 참으로 소중합니다.

예수에 대한 관심만으로는 변화되지 않습니다.
진정한 자기 성찰을 통해서만 우리는 변할 수 있습니다.
진정한 자기 성찰은 예수가 누구이신지 인격적으로 알아 가며,
그 예수를 통해 자신을 알아 가는 것입니다.

2

영접
했지만

| 만남은
| 멈추지
| 않는다

"예수를 믿어요. 세례도 받았어요.
헌금도 하고, 봉사도 하고…. 바르게 살려고 노력합니다.
그런데 나한테 문제가 있다니요…."

예수를 집으로 초대해 영접한 사람이 있습니다. 그의 이름은 시몬입니다. 그가 예수를 집으로 어렵사리 초대했는데 불청객이 한 명 등장합니다. 예수는 그를 쫓아내기는커녕 집 주인 시몬과 비교해가며 오히려 칭찬합니다. 정작 예수를 집으로 초대한 시몬은 좋지 않은 말까지 듣습니다. 더군다나 시몬을 깔아뭉개고 칭찬을 받은 불청객은 애초부터 시몬과는 비교도 안 되는 천한 사람이었습니다. 어쩌면 시몬은 억울해서 자다가 벌떡 일어났을지도 모릅니다. 아무리 생각해도 말도 안 되는 일이었거든요. 그 이야기를 읽어 봅시다. 누가복음 7장 36-50절입니다.

바리새파 사람 가운데에서 어떤 사람이 예수께 청하여, 자기와 함께 음식을 먹자고 하였다. 그래서 예수께서는 그 바리새파 사람의 집에 들어가셔서, 상에 앉으셨다. 그런데 그 동네에 죄인인 한 여자가 있었는데, 예수께서 바리새파 사람의 집에서 음식을 잡숫고 계신 것을 알고서, 향유가 담긴 옥합을 가지고 와서, 예수의 등 뒤에 발 곁에 서더니, 울면서, 눈물로 그 발을 적시고, 자기 머리털로 닦고, 그 발에 입을 맞추고, 향유를 발랐다. 예수를 초대한 바리새파 사람이 이것을 보고, 혼자 중얼거렸다. "이 사람이 예언자라면, 자기를 만지는 저 여자가 누구이며, 어떠한 여자인지 알았을 터인데! 그 여자는 죄인인데!"
예수께서 그에게 말씀하셨다. "시몬아, 네게 할 말이 있다." 시몬이 말했다. "선생님, 말씀하십시오." 예수께서 말씀하셨다. "어떤 돈놀이꾼에게 빚진 사람 둘이 있었는데, 한 사람은 오백 데나리온을 빚지고, 또 한 사람은 오십 데나리온을 빚졌다. 둘이 다 갚을 길이 없으므로, 돈놀이꾼은 둘에게 빚을 없애 주었다. 그러면 그 두 사람 가운데서 누가 그를 더 사랑하겠느냐?" 시몬이 대답하였다. "더 많이 빚을 없애 준 사람이라고 생각합니다." 예수께서 그에게 말씀하셨다. "네 판단이 옳다."
그런 다음에, 그 여자에게로 돌아서서, 시몬에게 말씀하셨다. "너는 이 여자를 보고 있는 거지? 내가 네 집에 들어왔을 때에, 너는 내게 발 씻을 물도 주지 않았다. 그러나 이 여자는 눈물로 내 발을 적시고, 자기 머리털로 닦았다. 너는 내게 입을 맞추지 않았으나, 이 여자는 들어와서부터 줄곧 내 발에 입을 맞추었다. 너는 내 머리에 기름을 발라 주지 않았으나, 이 여자는 내 발에 향유를 발랐다. 그러므로 내가 네게 말한다. 이 여자는 그 많은 죄를 용서받았다. 그것은 그가 많이 사랑하였기 때문이다. 용서받는 것이 적은 사람은 적게 사랑한다."
그리고 예수께서 그 여자에게 말씀하셨다. "네 죄가 용서받았다." 그러자 상에 함께 앉아 있는 사람들이 속으로 수군거리기를 "이 사람이 누구이기에 죄까지도 용서하여 준다는 말인가?" 하였다. 그러나 예수께서는 그 여자에게 말씀하셨다. "네 믿음이 너를 구원하였다. 평안히 가거라."(새번역)

껄끄러운 예수를 집으로 초대하다

예수를 초대한 시몬은 예수에 대한 관심을 넘어서서 예수를 존경했을 것입니다. 예수를 초대하는 일이 별것 아닌 것 같아 보여도 당시 상황에서는 상당한 대가를 치러야 하는 일이었습니다.

이 이야기 전에 예수가 제자들과 밀밭을 지나가다가 제자들이 밀을 손으로 비벼서 먹는 사건이 나옵니다. 안식일에 그런 행위를 하자, 바리새파 사람들이 어떻게 그럴 수 있냐며 예수께 따져 묻습니다. 안식일에는 어떤 노동도 하면 안 된다는 율법을 어겼다는 겁니다.

그러자 예수는 손을 못 쓰는 사람을 안식일에 고쳐주고는 그들에게 되묻습니다. "이 사람을 고치는 게 낫겠느냐? 고치지 않는 게 낫겠느냐?" 그 말에 바리새파 사람들이 화가 나서 이스라엘의 소중한 전통을 무시하고 파괴하는 이 젊은이를 어떻게 하면 좋을지 의논합니다. 예수 역시 세례자 요한을 무시하는 바리새파 사람들이 하나님을 거부한다며 비판합니다.

> 모든 백성과 심지어는 세리들까지도 요한의 설교를 듣고, 그의 세례를 받았다. 이렇게 하여 그들은 하나님의 옳으심을 드러냈다. 그러나 바리새파 사람들과 율법학자들은 요한에게서 세례를 받지 않음으로써 자기들에 대한 하나님의 계획을 물리쳤다(눅 7:29-30, 새번역).

그러면서 바리새파 사람들이 자신과 세례자 요한을 어떻게 부르는지 알고 있다고 말합니다.

> 세례자 요한이 와서, 빵도 먹지 않고 포도주도 마시지 않으니, 너희가 말하기를 '그는 귀신이 들렸다' 하고, 인자는 와서, 먹기도 하고 마시기도 하니, 너희가 말하기를 '보아라, 저 사람은 마구 먹어대는 자요, 포도주를 마시는 자요, 세리와 죄인의 친구다' 한다(눅 7:33-34, 새번역).

'마구 먹어대는 자, 포도주를 마시는 자, 세리와 죄인의 친구.' 당시 종교지도자였던 바리새파 사람들이 예수께 붙인 별명입니다. 당시 분위기가 대략 이랬습니다. 예수와 바리새파 사람들의 갈등이 점점 고조되고 있었고, 예수를 어떻게 처리하면 좋을지 모여서 고민하는 데까지 이르렀습니다.

그 와중에 시몬이 예수를 자기 집에 초대한 것입니다. 시몬 나름대로는 꽤 어려운 결단을 한 셈입니다. 어쩌면 바리새파 친구들에게 설득도 당하고 협박도 받았을지 모릅니다. "너, 왜 그래? 정신 나갔어? 그 사람, 세리하고 창녀들 친구야. 그가 우리에 대해 뭐라고 하는지 알아? 그런 사람을 집에 들이겠다고?" 그럼에도 불구하고 시몬은 예수를 초대합니다.

선지자일지도 모르니까

주변 상황이 심각한데 굳이 시몬이 예수를 집에 초대한 이유는 무엇일까요? 시몬은 단순한 호기심을 넘어서서 예수가 선지자일 거라고 생각했습니다. 앞서 읽은 성경 구절에서 '예수를 초대한 바리새파 사람'은 "이 사람이 예언자라면… 알았을 터인데!"라고 혼자 중얼거립니다. 선지자 중 한 사람(a prophet)이라고 가정합니다.

선지자에 정관사가 붙으면(The Prophet) 메시아를 가리킵니다. 그런데 여기서는 예수를 선지자 중 한 사람이라고 칭합니다. 시몬은 예수가 메시아일 거라고는 생각하지는 못했지만, 적어도 위대한 선지자 중 하나가 아닐까 싶어 초대한 겁니다.

시몬이 예수께 "선생님, 말씀하십시오."라고 대답한 걸 보면 기본적으로 존중은 했던 것 같습니다. 하지만 예수께 발 씻을 물도 주지 않고, 입을 맞추지도 않았습니다. 당시 이스라엘 풍습으로 보면 상당히 이례적입니다. 먼지가 많은 지역이라 귀빈이 집에 들어오면 발 씻을 물을 내오고, 환대하는 의미로 뺨을 대고 입을 맞추는 것이 관례였습니다.

시몬이 예수를 어느 정도로 여겼는지가 드러나는 대목입니다. 선지자일지 몰라서 초대는 했지만, 미심쩍은 태도를 유지합니다. 그래서 계속 관찰하며 중얼거립니다. "이 사람이 예언자라면… 알았을 터인데!" 그래도 진리에 대해 토론하며 무언가를 배울 수 있지 않을까 해서 일단 위험을 무릅쓰고 초대는 한 상황이지요.

어떻게 저런 인간과 나를

시몬이 자신을 어떤 사람으로 여겼는지는 직접적으로 제시되지 않습니다. 다만 여인을 향해 "그 여자는 죄인인데!"라고 중얼거립니다. 당시 죄인이라는 말은 앞 장에서 살펴보았듯이 성매매 여성을 가리킵니다. 여인과 자신을 분리하는 태도에서 시몬이 자신을 어떻게 바라보는지가 간접적으로 드러납니다.

자신은 의인이라는 자의식이 그 말 아래에 깔려 있습니다. 앞 장에서 이야기했던 '건강 의인'입니다. 이 같은 자의식을 '비교우위적 의'라고 할 수 있습니다. 다른 사람과 자신을 비교하며 이렇게 생각합니다. '저 사람은 죄인 맞아. 어떻게 저런 식으로 살지? 더럽고 추하고 끔찍하다. 나는 적어도 저렇게는 안 살지.'

다시 말해 다른 사람과 비교하면서 자신의 정체성을 찾는데, 특히 자기보다 못나거나 추한 사람을 비교 대상으로 삼아 '저 사람보다는 내가 낫지.'라고 생각합니다. 사실 시몬은 종교적으로나 사회적으로나 지도층에 속하는 바리새파 사람이었습니다. 윤리적으로도 깨끗했고 종교적으로도 모두의 모범이었고, 경제적으로도 중산층 이상이었습니다.

시몬 스스로도 이런 세간의 평가를 알고 있었고, 이를 내면화해서 붙들고 있었습니다. '내가 대단한 사람은 아니어도 자기 이름에 먹칠은 하지 않으면서 바르게 사는 사람이지.'라는 자의식이 분명했습니다.

시몬을 닮은 현대 교인들

시몬과 현대 그리스도인은 닮은 구석이 많습니다. 오늘날 많은 그리스도인 역시 예수를 압니다. 또 예수를 존경한다고 생각합니다. 그래서 자기 삶으로 초대합니다. 세례를 받았거나 수련회나 어떤 집회에서 영접 기도를 했다고 밝힙니다. 예수를 자기 삶으로 초대했다고 이야기합니다.

이들의 이야기를 가만히 들어보면 나름 대가를 지불하고 예수를 믿습니다. 헌금도 하고 봉사도 하며, 교회의 여러 조직에 속해 신앙생활도 합니다. 시몬처럼 다른 이들의 차가운 시선을 물리치고 예수를 초대합니다. 예수를 중요한 분이라고 생각합니다.

그런데 이들의 중요한 특징 중 하나가 '비교우위적 의'에 빠져 있는 것입니다. '물론 나도 죄인이지만, 나 정도 아닌 사람이 어디 있나?'라고 생각합니다.

예수가 500데나리온 빚진 사람과 50데나리온 빚진 사람을 예로 들었는데, 1데나리온은 하루치 품삯입니다. 500데나리온이면 약 2년 치 품삯이고 50데나리온이면 약 두 달 치 품삯으로 차이가 큽니다. 그런데 교회를 다니며 비교우위적 의에 빠져 있는 분들은 자신이 5데나리온 정도 빚졌다고 생각합니다. 자신은 닷새치 정도만

빚겼다는 거지요. 현대인 시몬의 특징입니다.

그렇기 때문에 예수를 믿어야 할 절대적 이유나 필요가 없고, 따라서 진정한 변화도 일어나지 않습니다. 예수를 믿고 따른다고 말은 하지만 인생의 결정적 순간에는 예수의 뜻보다 세상의 상식이나 관례, 내가 원하는 바를 따릅니다. 그러니 예수를 믿는다고 해서 인생에서 크게 변할 게 없습니다. 예수는 절대적으로 필요한 분이 아니고, 인생의 중요한 순간에는 뒤로 밀리고 맙니다. 예수는 정말 급할 때만 필요한 분입니다.

이런 시몬에게 예수는 '용서받은 것이 적은 사람'이라고 이야기합니다. 동일하게 죄 사함을 받았다고 이야기하지 않습니다. 시몬을 닮은 현대 교인들 역시 죄 사함 받고 구원받았다고 감격하거나 열광적으로 찬양하고 예배하는 것을 이질적으로 느낍니다.

예수를 인생의 소중한 본보기로 여기며 존중하고 따르는 것은 좋지만, 뜨겁게 고백하고 눈물 흘리며 큰 소리로 찬양하며 예배하는 모습에는 '광신 아닌가?'라는 반응을 보입니다. 늘 그랬듯이 최선을 다해 성실하게 살아갑니다. 그러다 보니 예수를 믿고 따르는 삶과 그렇지 않은 삶에 차이가 별로 없습니다.

물론 이들도 예수를 믿는다고 합니다. 하지만 삶에 별다른 변화가 없다는 사실을 스스로 잘 압니다. 예수를 향해 사랑한다고 고백하기에는 뭔가 좀 걸린다는 사실을 자신도 알고 있습니다. 물론 이들 역시 교회도 열심히 나가고 헌금도 하고 성경도 가끔이나마 읽고 소모임에도 참석합니다. 하지만 예수는 이러한 현대 교인들에게 "글쎄, 네가 죄 사함을 받았는지 잘 모르겠다."고 말할지 모릅니다.

예수 앞으로 나아가지 못하고

그렇다면 시몬을 잠깐 옆에 두고 예수의 발을 닦은 여인을 살펴봅시다. 이 여인은 자신을 어떤 사람이라고 생각했을까요? '동네에 죄인인 한 여자'라는 표현이 나오고, 바리새파 사람이 "그 여자, 죄인인데!"라고 중얼거린 것을 보면, 자타가 공인한 죄인이었습니다. 세상 사람들이 자신을 죄인이라고 하니 스스로도 그렇게 느끼고 살았을지 모릅니다.

하지만 다른 사람이 나를 죄인이라고 해도 자동으로 '내가 죄인이지.'라고 인정하지는 않습니다. 보통은 '나만 문젠가? 다 그래.' 하고 자기 합리화를 합니다. 그런데 이 여인은 자신이 죄인이라는 말을 받아들였습니다. 이 여인의 특징은 자신을 정말 죄인이라고 여기는 것입니다. 여인의 내면 깊은 곳에서 어떤 일이 벌어지고 있는지 다 들여다볼 수는 없지만, 한 가지 분명한 것은 스스로를 죄인이라 여긴다는 겁니다.

죄인이라서, 자격이 없다고 느꼈기에 예수의 등 뒤에, 발 곁에 섰습니다. 당시 이스라엘 사람들은 비스듬히 기대 앉아 식사를 했습니다. 기대 누운 사람들 앞으로 음식을 내옵니다. 발은 자연스레 저만치 멀리 떨어져 있죠.

여인은 그 발꿈치 뒤로 와서 눈물로 예수의 발을 적셔 자기 머리털로 닦고, 발에 입을 맞추고 향유를 발랐습니다. 감히 앞으로 나서지 못하고 자기 마음을 그렇게나마 표현합니다. '내가 감히 어떻게 이분 앞에 나아가나.' 하는 마음이 여인을 그렇게 만든 것입니다. 당당하게 예수 앞으로 나와 "당신을 존경하고 사랑합니다. 내가 가진 향유 옥합을 깨서 당신 머리에 부어 드릴게요."라고 말하지 못하고, '저는 이럴 자격도 없지만, 제 마음을 표현하고 싶었습니다.'라는 심정으로 발치에 앉아서 눈물로 발을 닦습니다.

딱 오해를 사기 좋은 행동이었습니다. 여인의 직업이 그랬고, 다른 사람들이 보는 눈이 그랬습니다. 그래서 시몬도 그런 뉘앙스로 이야기합니다. "그녀가 누군지 모르나? 알면 저렇게 만지도록 두지 않을 텐데." 하지만 여인은 손가락질당할 줄 알면서도, 어쩌면 내쫓길지 모른다는 위험을 감수하면서까지 예수께 다가가 자기 마음을 표현합니다. 스스로 자격 없는 죄인이라는 자기 성찰이 없었다면 이러한 시도는 애초에 불가능했을지 모릅니다. 그녀는 스스로를 자격 없는 죄인이라고 여겼습니다.

예수에 대한 깊은 감격

여인의 행동에는 자신이 죄인이라는 의식뿐 아니라, 예수에 대해 뭔가 믿는 구석이 깔려 있습니다. 예수에 대한 깊은 감격이 자리하고 있습니다.

당시 성매매 여성들은 합법적으로 재산을 모아서 부를 축적할 마땅한 수단이 없었습니다. 그래서 향유를 모았습니다. 그렇게 조금씩 모은 향유, 어쩌면 전 재산일지 모르는 향유를 예수께 가져와 붓습니다. 눈물로 예수의 발을 적셔서 머리털로 닦고 그 발에 입을 맞추고 향유를 붓습니다. 매우 충격적인 행동이었습니다.

왜 이런 행동을 했을까요? 우리가 그 마음을 십분 이해하기는 어렵습니다. 앞서 예수는 레위 집에 찾아가 세리들과 죄인들과 먹고 마셨습니다. 예수는 당시 사람 취급도 못 받던 이들의 소굴에 들어가 그들과 친구가 되었습니다. 그들과 같은 부류라는 오해를 받으면서까지 그 일을 멈추지 않았습니다.

여인은 그런 예수를 보았습니다. 감히 범접하기 어려울 만큼 고매한 분이지만, 반면 자신 같은 죄인이나 별 볼일 없는 이들과 기꺼이 함께 먹고 마시며 속 깊은 이야기를 나누는 분인 줄도 알았습니다. '딱 봐도 귀한 선생님이신데, 이렇게 놀라운 분이 나와 친구가 되어 주시다니?'라는 감격이 여인에게 있었습니다. 가족마저 외면하고 사랑을 거두었는데 예수가 찾아와 환대하고 용납했습니다.

진정한 사랑에서 비롯한 감격은 속일 수가 없습니다. 때로는 과도하게라도 표출됩니다. 여인은 예수를 만나 그러한 감격을 표현하고 있습니다.

드러나는 예수의 실체

여인의 행동에 대해 예수는 뜻밖의 말을 합니다. 여인에게 하는 말이었지만, 실제로는 시몬을 향한 말이었습니다. 빚진 자 비유를 말씀하시고는, 난데없이 "네 죄가 용서받았다."고 합니다. 그러니까 모인 사람들이 "자기가 누구라고 죄를 용서해?" 하며 웅성입니다. '하나님만이 죄를 용서할 수 있는데, 자기가 뭐라고 용서를 해?'라는 반응이었죠.

사실 예수는 "네 죄가 용서받았다."는 말보다 더 중요한 이야기를 하고 있습니다. 예수 자신이 누구인지를 드러내고 있습니다. 사람들의 죄를 용서할 수 있는 분이라는 것입니다.

예수 주변에 모인 사람들은 어떤 메커니즘을 통해, 어떤 신학적 기반에 의해 여인의 죄가 용서받았는지를 따져 묻습니다. 오늘날도 마찬가지입니다. 당시 상에 둘러앉은 사람들처럼, 오늘날에도 사람들은 죄를 회개했는지, 예수를 만난 경험이 있는지, 예수를 주로 고백했는지, 정말 그리스도인이 되었는지 등의 죄 용서와 관련된 온갖 질문을 던집니다. 그런데 예수는 이보다 더 중요한 이야기를 하고 있습니다. 그것은 자신이 죄를 용서할 수 있는 분이라는 놀라운 사실을 선언하고 있는 것입니다.

이 여인이 어떻게 해서 죄를 용서받을 수 있는지는 지금 읽은 성경 이야기로는 정확히 알 수 없습니다. 신학자들은 이를 놓고 논쟁을 합니다. 단지 예수를 사랑했기 때문이라거나 자신의 모든 것을 드려 믿음을 증명했기 때문이라는 등 여러 의견이 분분합니다. 하지만 여기서 우리가 주목해야 할 분명한 사실은 예수가 여인의 죄를 사할 수 있는 분이라는 것입니다.

예수는 손가락질당하고 내면에 큰 고통을 안고 살던 여인에게 "평안해라."라며 덕담하는 분이 아니라 "네 죄가 용서받았으니 너는 구원받았다. 이제는 하나님이 주시는 평화 가운데서 살아라."라고 축복하실 수 있는 분입니다. 그런 자신을 드러내고 있습니다. 당신에게 예수는 어떤 분입니까? 예수는 우리의 죄를 사해 그 고통에서 구원하시고, 대신 하나님의 평화 속에 살게 하실 수 있는 분입니다.

나는 누구인가, 예수는 누구인가

잘 보십시오. 시몬과 여인의 차이는 무엇일까요? 시몬은 자기 집에 예수를 영접했습니다. 여인은 자기 마음에 예수를 영접했습니다. 시몬은 삶의 한 부분에 예수를 영접했습니다. 여인은 삶의 중심에 예수를 영접했습니다. 똑같이 영접했지만 사실은 엄청나게 다른 영접이었습니다.

그러면 어떻게 이 여인은 시몬과 달리 예수를 삶의 중심에 받아들일 수 있었을까요? 자신이 죄인이라는 사실을 철저하게 깨닫고 인정했기 때문입니다. 죄인이라고 깨닫는 게 뭘까요? 자신이 정말 별 볼일 없는 존재라는 사실을 절감하는 것입니다. 한 인간이 자신의 힘이 아니라 그분의 힘으로 산다고 인정하고 깨달았는지를 보면, 스스로를 죄인이라고 여기는지 아닌지를 알 수 있습니다.

사람은 보통 윤리적 잣대나 법과 규범으로 서로를 비교합니다. 엉망인 사람과 비교하면 당연히 우리는 의인입니다. 하지만 죄는 단지 윤리적 기준을 어기는 것이 아닙니다. 성경이 말하는 죄는 하나님 없이 잘 살 수 있다고 생각하는 것입니다. 하나님과의 관계가 끊어졌음에도 아무 문제가 없다고 판단하는 삶입니다.

가만히 생각해보십시오. 내 코끝에 걸린 숨이나 내 가슴의 심장이 내 힘으로 유지될까요? 내 존재는 날 때부터 죽을 때까지 하나님께서 붙들고 계시기 때문에 살아 있습니다. 우리는 우리 생명을 연장할 수도, 키를 늘리거나 줄일 수도, 머리카락을 희게 하거나 검게 할 수 없습니다.

우리는 자기 인생의 어떤 부분도 제대로 제어하거나 변화시킬 힘이 없습니다. 우리 손에 쥔 것들 역시 하나님께서 모두 주신 것들입니다. 하지만 인간은 그것을 자기 것이라고 착각하며 하루하루 살아갑니다. 혹시 스스로 자랑스럽게 생각하는 것이 있나요? 학위든 돈이든 자녀든 건강이든 외모든 무엇이든 내가 노력해서 이룬 것들조차 사실은 주님께서 허락하신 것들입니다.

이 모두를 혼자 만들어냈다고요? 정신 바짝 차리셔야 합니다.

내가 이루고 자랑스러워하는 모든 것이 사실은 그분께서 나에게 그만한 역량과 여건을 만들어 주셨기에 가능한 것이 아닙니까? 이 모두를 자기 것이라고 여기는 것, 거기에 죄가 있습니다.

반면 우리 내면을 들여다보면 부족하고 더러운 것들로 가득합니다. 자기 합리화, 변명, 탐욕, 시기, 질투, 미움, 증오, 열등감, 우월감…. 그나마 언어로 표현할 수 있는 정도가 이 수준입니다. 말로 다할 수 없는 더러운 실체가 우리 안에 있습니다. 우리 마음이 우리 이마에 영상처럼 그대로 나온다면, 외출할 수 있는 사람은 아무도 없을 것입니다. 우리 속에 뭐가 있는지는 우리가 다 압니다. 안 그런 척할 뿐이지요.

죄는 단지 윤리의 문제를 넘어서서 더욱 근본적인 문제와 연관이 있습니다. 곧 우리 생명의 문제입니다. 내게 생명을 주시고 매일 살아가도록 은혜를 주시고 이끌어 주시는 분이 계신데, 그분을 무시하는 것이 바로 죄입니다. 그분을 무시하면서 나보다 못한 사람을 죄인이라고 여기며 자신은 죄인이 아니라고 합니다. 그들과 비교하며 나는 5데나리온밖에 빚지지 않은 사람이라고 생각합니다.

"사랑하는 척했지만 사랑하지 않았어요"

얼마 전 새로 생긴 대안학교를 방문한 적이 있습니다. 제가 선교단체 간사를 할 때 함께했던 학생이 어느덧 교장 선생님이 되었다기에 찾아갔습니다. 제가 찬양 인도를 할 때 메인 싱어를 하던 '자매'였습니다. 대학 때도 열심히 활동했고, 졸업 후에도 방송계에 진출해 여러 작품도 만들고, 그 후에는 기독교 기업에 들어가 중요한 일들을 했죠. 못 본 지가 너무 오래라서 근처에 갔다가 새로 시작한 대안학교의 교장이 되었다기에 반갑고도 궁금해서 방문했습니다.

그런데 이야기를 나누다가 충격적인 고백을 들었습니다. "목사님, 솔직히 저 마흔 살에 예수님 만났어요." 저는 그 말에 깜짝 놀랐습니다. "뭐라고? 아니, 그때 우리가 만든 찬양을 사람들이 어딜 가나 부르곤 했는데, 갑자기 무슨 말이야?"

그러자 그녀는 이렇게 대답했습니다. "저는 제 자신이 정말 죄인이라고 생각하지 않았어요. 모두 죄인이니까 저도 죄인이라고 생각했어요. 그리고 저는 정말 열심히 살았습니다. 최선을 다했고 성공할 수 있다고 생각했고, 실제로 많은 영역에서 성공을 거두었습니다." 제가 좀 더 깊이 물어봤습니다. "그런데 어떻게 갑자기 깨달은 거야?"

그녀는 담담히 이야기를 이어나갔습니다. "저는요, 하나님 없이 살면서 나를 속였던 수많은 것들에 아름다움을 느끼고 그것들로 인생을 포장하며 살았어요. 교회생활을 열심히 했지만, 하나님 앞에서 하나님을 무시한 채 그분을 의지하지 않고 사는 게 죄라고 생각하지 않았어요. 그냥 '다른 사람들이 다 죄인인 것처럼 나도 죄인이지.'라는 정도로만 생각했어요. 그러다가 마흔이 되던 해에 하나님 말씀 앞에서 하나님을 진정으로 인정하지 않는다는 것, 하나님은 안중에도 없으면서 종교 활동만 무성하게 하고 있다는 걸 알았죠. 그저 종교 활동을 통해 자기 자신을 드러내고 싶었던 거예요. 실제로는 하나님을 따르지 않으면서 말이죠."

그러면서 덧붙인 말이 제게는 가장 충격이었습니다. "저는요, 똥 덩어리를 실크 스카프에 둘둘 말아서 갖고 다녔어요. 사람들은 그게 실크 스카프인줄 알았지만 사실은 그 안에는 똥 덩어리밖에 없었어요. 저는 저를 위장하며 살았어요. 저는 하나님을 사랑하는 척했지만 사랑하지 않았어요.

나이 마흔에 주님을 만나고 나서야 지금까지 나를 꾸미고 속여왔던 모든 것들이 얼마나 심각하게 하나님을 무시한 죄인 줄 깨달았죠. 그때 절감했어요. 하나님 없이는 하루도 살 수 없는 존재임을. 그리고 나서 하나님께 내 인생을 진짜로 의탁하게 됐어요. 그 전까지 예수님은 내 인생의 일부에 들어와 있었지만, 어쩌면 내 치장거리 중 하나였어요. 이제는 그분이 내 모든 것이라고 고백할 수 있게 된 것 같아요."

하나님은 장신구가 아니다

맞습니다. 하나님을 믿는다는 것은 장신구를 얻는 것이 아닙니다. 괜찮은 삶을 조금 더 낫게 사는 것이 아닙니다. '누구와 비교해 보니 나는 그래도 괜찮네.' 하는 정도의 자의식에 머무는 것도 아닙니다.

'하나님을 무시하고 하나님이 주시는 생명과 은혜를 가볍게 생각하고 그 모두를 내 것으로 생각하며 함부로 살았던 인생에 문제가 있구나. 정말 끔찍한 문제로구나! 하나님이 한순간에 걷어 가시면 그냥 끝날 수밖에 없는 존재인데, 내 존재와 내 생명이 전부 그의 손에 달렸는데도 그를 우습게 알고 살아왔구나! 심지어 그를 이용할 수 있다고 생각했구나!' 하고 죄성을 깨달을 때, 우리를 위해 죽으신 예수 그리스도가 비로소 우리에게 다가옵니다.

이처럼 자기 안의 죄성을 깨닫는 것은 자기 존재가 하나님 손에 있다는 사실을 발견하는 것입니다. 그 전까지는 잘 몰랐다가 이 사실을 인정하는 순간이 찾아옵니다. 아무도 나를 보호해주지 못할 때, 인생이 바닥까지 가라앉을 때, '아, 더 이상 내려갈 데가 없구나. 내가 모든 것을 잃었구나!' 하면서 하나님을 바라봅니다. '당신 말고는 의지할 게 아무것도 없군요. 당신밖에는 소망이 없군요.'라고 고백하는 때가 굉장히 중요한 순간입니다.

또는 현재 겉으로 큰 문제가 없어 보여도, '이렇게 계속 살면 결국 막다른 골목이겠구나. 그때가 오기 전에 내가 주인인 삶에서 하나님 중심의 삶으로 바꾸어야겠다.'라는 생각을 한다면 참으로 귀한 순간이 아닐 수 없습니다. 내 존재가 하나님 없이는 존재할 수 없다는 사실을 철저하게 깨닫는 바로 그 순간입니다. 그런 순간에야 우리는 하나님을 바라봅니다. 앞에서 살펴본 여인이 그랬습니다. 주위에 아무도 없을 때 예수가 그 여인을 불렀습니다. 그때 여인은 변화할 수 있었고, 감격해서 고이 모은 향유를 전부 쏟아 예수의 발을 닦으며 감격을 표시합니다.

친구 이상이 되기 원하는 예수

하지만 이 이야기의 주인공은 향유를 부은 여인이 아닙니다. 놀랍게도 시몬입니다. 시몬의 집을 찾은 예수에 다시 집중해봅시다. 예수는 시몬의 청에 응합니다. 집으로 찾아가 시몬의 친구가 됩니다. 알다시피 예수 역시 대가를 지불하는 행동을 했습니다.

세리들과 성매매 여성들과 친구로 지내고 있는데, 그들을 적대시하고 아예 사람 취급도 안하는 바리새파 사람의 초청에 응한 것입니다. 그 집에 가서 어떤 해코지를 당할지 모르는 상황입니다. 위험을 감수하고 시몬의 집에 발을 들입니다. 이처럼 예수는 모든 사람과 친구가 됩니다. 사회적 지위나 남녀·인종 차이, 윤리적 쟁점들에 상관하지 않고 예수는 찾아갑니다.

여기서 중요한 점은 예수가 시몬의 집을 방문한 목적입니다. 단순히 친구나 존경할 만한 선생이 되려고 찾아간 것이 아니었습니다. 예수는 친구 이상이 되길 원했습니다. 앞에서 읽은 성경 구절에는 흥미로운 표현이 나옵니다. 이야기 초반에 '한 바리새인'이 청해서 집을 방문했다고 나오고, 이어서 '예수를 청한 바리새인'이 마음속으로 말한다고 적고 있습니다. 그리고 그다음에 가서야 예수의 입을 통해 그의 이름이 처음 등장합니다.

조금 이상합니다. 처음부터 바리새파 시몬이 초청했다고 하면 훨씬 간단한데도 계속 바리새파 가운데 한 사람이라고 길게 쓰다가 나중에야 이름을 밝힙니다. 처음에 시몬은 단지 예수를 자기 집에 영접한 사람이었지만, 예수의 의외의 모습을 발견하고는 중얼거릴 때, 마침내 예수가 그의 이름을 부르며 다가가십니다. 예수는 한 바리새인의 집에 들어간 것이 아니라, 시몬을 찾아가신 겁니다.

예수가 이야기하는 모습은 더 흥미롭습니다. 여인이 예수의 발을 눈물로 씻자 그녀를 잠시 바라보시고는 시몬에게 "할 말이 있다."며 시몬에게 데나리온 이야기를 하십니다. 그러고는 "여인을 돌아보시며 시몬에게 이르시되"라는 표현이 나옵니다. 그러니까 향유로 발을 닦고 있는 여인 쪽으로 얼굴은 돌리시고 이야기는 계속 시몬에게 하고 있는 것입니다.

예수의 관심은 시종일관 시몬을 향합니다. 이 이야기의 주인공은 여인이 아니라 시몬입니다. 여인이 나타나자 그때까지 나오지 않던 시몬의 이름이 비로소 등장하고, 그 이후부터 모임이 끝날 때까지 길게 이어진 대화의 상대 역시 여인이 아니라 바로 시몬이었습니다.

처음부터 예수의 관심은

맞습니다. 예수의 관심은 애초부터 시몬이었습니다. 시몬은 세리나 죄인에 비해 자신이 더 의롭다고 생각했습니다. 하나님이 절대적으로 필요한 사람은 자신이 아니라 따로 있다고 봤습니다. 한편, 그는 예수라는 문제적 인물과 종교적 진리에 대해 나눌 정도로 열려 있다는 평판을 원했던, 어쩌면 가식에 가득 찬 사람이었는지 모릅니다. 그런 시몬에게 예수가 관심을 보입니다.

예수가 시몬과 나눈 이야기의 결론은 무엇인가요? 여인의 그 많은 죄가 용서받았다는 것입니다. 예수는 시몬에게 간접적으로 말하고 있습니다. "너도 동일한 죄인이다. 자신을 건강 의인이라고 생각하겠지만, 알고 보면 너도 병든 죄인이다. 네 죄도 용서받아야 한다. 너는 스스로 50데나리온도 아닌 5데나리온 빚졌다고 생각하느냐? 무슨! 하나님을 무시하고 자기보다 못한 사람과 비교해 스스로를 의롭다 착각하는 네가 오히려 5천 데나리온, 5만 데나리온 빚진 사람이다."라고 말하고 있습니다.

예수가 여인에게 "네 죄가 용서 받았다."라고 말할 때 주위 사람들이 수군거립니다. "자기가 누구라고 죄를 용서한다는 거야?"라는 수군거림의 중심에 시몬이 있었습니다.

그런 시몬에게 예수는 말을 걸고 있는 겁니다. "나는 단순히 존경받을 만한 스승이 아니라 죄를 사하는 하나님이다. 그 사실을 네가 알기 바란다. 나는 너의 죄를 사하는 하나님이다. 네 죄는 저 여인보다 낫고 못하고의 문제가 아니다. 나는 그런 것에는 관심이 없다. 우주의 중심이고 네게 생명과 은혜를 주고 있는 하나님, 네가 그 하나님과 무관하다는 것이 문제다. 네가 하나님을 의지하지 않고 너의 의에 빠져 살면, 똥 덩어리를 실크 스카프로 아무리 감싸고 살아도 네 본질은 해결되지 않는다." 예수는 시몬의 집에서 벌어진 돌발적인 사건을 통해 시몬이 살고 있는 진짜 집의 문을 두드리고 있습니다.

시몬은 어떻게 되었을까

예수를 만난 시몬은 어떻게 되었을까요? 시몬의 이야기가 이어지지는 않습니다. 무슨 큰 변화가 일어났는지, 아니면 아무 변화도 없었는지 본문은 이야기하고 있지 않습니다. 시몬 역시 수군거리면서 혼란에 빠진 채로 살다가 예수에 대한 관심을 잃어버렸는지도 모릅니다.

하지만 시몬에게 변화의 출발점이 주어진 것은 분명합니다. 예수와의 만남을 통해 자신을 성찰하기 시작했다면 변화는 시작되었겠죠. 누군가와 자신을 비교해 가며 스스로를 의인이라 여겼던 생각이 얼마나 큰 착각이며 심각한 문제인 줄 깨닫고, '죄가 용서되었다.'고 선언하는 이 젊은이가 누구인지를 탐구해 나갔다면, 진정한 변화가 일어났을 것입니다.

현대의 교인들도 예수를 영접합니다. 삶의 한구석에 영접하고, 세속에 찌든 마음을 정화하거나 살아가면서 겪는 여러 어려움을 위로받으려 합니다. '언제나 내 편이 되어 주시는 분이 계시지.'라는 심리적 안정감을 받고 싶어 합니다. 그러나 예수는 그런 목적으로 우리를 찾아오지 않습니다. 예수는 하나님으로서 우리를 찾아옵니다. 그런 분이 우리의 친구가 되겠다고 하니 충격을 받고 친구됨에 감격하는 것이지, 친구라서 필요할 때 부를 수 있는 존재가 아닙니다. 우리의 본질적 문제는 필요할 때만 예수를 찾으며 친구처럼 여기는 것입니다. 급할 때 빼고는 하나님 없이도 괜찮다는 식의 삶의 자세를 유지하는 것입니다.

이렇게 현대 교인들 역시 하나님 없이 자기 힘으로 살 수 있다는 어리석음에 사로잡혀 있습니다. 자신의 추함과 별 볼일 없음, 전전긍긍하는 삶은 실크 스카프로 감춘 채 살아갑니다. 인식하든 인식하지 못하든 잘 감추며 끝까지 살 수 있다고 생각합니다. 사실은 그러한 삶이 하나님을 무시하며 살아가는 인생이며, 이것이 가장 큰 문제입니다. 겉으로는 멀쩡해보여도 인생이 파산 직전인 경우도 적지 않습니다. 부도가 난 상태에서 계속 결제일만 늦추는 셈입니다. '괜찮아, 괜찮아. 다들 이렇게 살아.' 하면서 하나님 없이도 아무렇지 않은 척 살아갑니다.

이들에게 예수는 계속해서 찾아갑니다. 하나님 없는 삶, 하나님을 기껏해야 장식품으로 여기는 삶 속에 예수가 찾아갑니다. 사람들은 예수님을 자신의 인생의 한 부분에 영접하지만, 하나님은 인생의 한 부분에만 머물지 않고 그 삶의 중심으로 찾아 들어갑니다. 주님은 여인을 만나러 시몬의 집에 간 것이 아니라, 시몬을 만나기 위해 시몬의 집에 가셨습니다.

오늘날도 예수는 시몬 같은 이들을 찾아갑니다. 이런 예수의 말을 듣고 '나는 누구인가, 내게 하나님이 정말 필요한가, 주말에 잠깐 신앙생활하는 게 아니라, 매일 매 순간 하나님 없이 살 수 있겠나?'라는 질문을 던지며 스스로를 돌아본다면 진정한 변화는 시작될 것입니다.

예수는 단지 시몬의 집에 들어가고 싶으셨던 것이 아니라, 시몬의 마음에 들어가기를 원하셨습니다. 시몬처럼 삶의 일부분에 그분을 영접하면 변화는 꼭 그만큼만 일어납니다. 그러나 예수를 내 존재, 내 삶의 중심에 진정으로 영접하면 삶 전체가 변화해갑니다. 시몬은 어떻게 되었을까요? 그리고 당신은 어떻습니까?

> 예수를 삶의 한 부분에 영접한다고 해서
> 인생이 변하지는 않습니다.
> 예수를 삶과 마음의 중심에 초청하는 것이
> 예수를 진정으로 영접하는 것입니다.

3

열심히
믿었지만

만남은
멈추지
않는다

"진짜 중요한 문제여서 열심히 기도했는데…
믿고 간절히 기도했는데 아무런 응답이 없어요.
혼란스럽고 참담합니다."

　열심히 기도했는데, 믿고 간절히 기도했는데 아무런 응답이 없었던 적이 있나요? 신앙생활을 해본 사람들이라면 누구나 자신의 기도가 응답받지 못한 경험이 있을 것입니다. 그다지 중요한 일이 아니라면 그러려니 하고 지나가지만, 진짜 중요해서 간절히 기도하며 믿었는데 기대하지 않았던 결과를 맞이하면 참으로 혼란스럽고 참담합니다. 여기 열 살 남짓 된 매티라는 소년의 기도문이 있습니다.

　마지 아줌마네 꼬마 아기가 어젯밤 죽었다고 엄마가 말했습니다.
　깜짝 놀랐습니다. 화가 났습니다.

저는 기도를 많이 했습니다. 하나님….

매일 밤마다 기도했습니다. 매일 낮마다 기도했습니다.

"꼬마 아기를 살려 주세요."라고

우리는 쉬지 않고 기도했습니다.

그런데 아이가 죽었다고 엄마가 말했습니다.

화가 나서 저는 소리쳤습니다.

"기도해도 소용없잖아.

하나님은 듣지도 않아. 기적을 내리지도 않고,

아기를 살려 주지도 않고, 아무것도 안 해."

이처럼 기도한 적이 있지 않나요? 간절히 기도했는데, 아주 절박해서 기도했는데, 하나님은 외면하셨습니다. 아니면 지금도 그렇게 기도하고 있는데 들어주실 기색은 보이지 않습니다. 그래서 이 소년처럼 화가 나서 소리라도 치고 싶습니다. "기도해도 소용없잖아! 하나님은 듣지도 않아! 기적을 내리지도 않고, 아기를 살려 주지도 않고, 아무것도 안 해!"

실제로 우리에게는 응답 없는 기도가 너무 많습니다. 내 아이를 위해, 병든 가족을 위해, 나와 자녀의 취직을 위해, 자녀의 결혼을 위해, 아기를 얻기 위해, 남편의 성공을 위해, 여러 기도를 드렸지만 응답을 못 받는 그리스도인이 적지 않습니다.

기도에 응답이 없을 때 어떤 생각이 드나요? 많은 사람들은 믿음이 없어서라고 생각합니다. 정성이 부족해서, 내 믿음이 적어서 하나님께서 기도를 들어주지 않는다고 생각합니다. 많은 교회들조차 믿음이 없어서 하나님께서 기도에 응답하지 않는다고 가르칩니다. 이 글을 쓰면서 병상에서 세례를 받은 A 형제가 떠올랐습니다.

A는 우리 교회의 한 자매와 결혼했습니다. 당시 A는 그리스도인이 아니었죠. 이 친구가 세월이 지나 하나님을 만나서 그리스도인이 되었지만, 불행하게도 간암에 걸린 이후였습니다. 젊은 나이에 예쁜 딸아이 하나를 가진 다음이었죠. 회복하지 못하고 죽어 가고 있을 때 A가 저를 보고 싶다고 해서 병상에 찾아갔습니다.

그때 A가 한 말을 잊지 못합니다. "제가 믿음만 있었다면 하나님께서 살려 주실 텐데…." 그래서 제가 A를 붙들고 그건 믿음이 아니라고 이야기했던 기억이 납니다. 사랑하는 아내와 아이를 남겨 놓고 죽어 가면서 '내가 믿음만 있으면 하나님께서 이 문제를 해결해 주실 텐데….'라며 남은 숨을 붙들고 있었습니다. 얼마나 고통스러웠을까요? 사람들은 종종 '내가 믿음이 없기 때문에, 내 믿음이 작아서 하나님께서 기도를 들어주지 않는다.'라고 생각합니다. 그래서 마지막 죽는 순간까지 좀 더 강하게 믿으려고 애를 쓰다가 죽어 가기도 합니다.

기도에 응답이 없을 때 아예 '나는 하나님의 특별한 은혜를 받을 자격이 없는 사람이야. 나 같은 사람을 하나님이 신경이나 쓰겠어?'라며 자기를 비하하기도 합니다. 또 어떤 사람은 '하나님은 너무 크시기 때문에 나 같은 존재에는 관심 없으실 거야. 너무나 바쁘시기 때문에 나같이 자잘한 일에 신경 쓸 틈이 있으시겠어?'라고도 생각합니다.

결국 기도에 응답이 없으면 기대마저 점점 사라집니다. 하나님을 믿으면 뭐가 좀 나아질 줄 알았는데, 하나님을 믿는다고 별로 달라지는 것도 없습니다. 그렇다고 하나님을 부인할 수도 떠날 수도 없어서 '내 믿음이 부족해서지.'라고 생각합니다. 그러면서 최소한의 신앙생활만 유지하려 예배만 빠지지 않는 그리스도인도 적지 않습니다.

시간이 흐르면 흐를수록, 간절히 바라고 기대한 만큼 좌절감이 쌓이고, 정성껏 기도하고 매달린 만큼 분노가 쌓입니다. 게다가 누군가 기도 응답을 받았다고 간증하면 '아니, 저 사람은 나보다 나은 것도 없는데, 왜 내 기도에만 응답이 없지?' 하는 상대적 박탈감에 빠져듭니다. 그래서 많은 그리스도인이 '기도는 어차피 잘 응답되지 않는다.'라고 생각합니다. 그 때문인지 지금도 베스트셀러 기독교 서적 중에는 '응답받는 기도의 비결'류가 빠지지 않습니다.

왜 한 사람만 병이 나았을까

예수가 활동했던 당시에도 이런 좌절감에 빠진 사람들이 있었습니다. 누가복음 8장 43-48절입니다.

> 무리 가운데 열두 해 동안 혈루증으로 앓는 여자가 있었는데 [의사에게 재산을 모두 다 탕진했지만] 아무도 이 여자를 고쳐 주지 못하였다. 이 여자가 뒤에서 다가와서는 예수의 옷술에 손을 대니, 곧 출혈이 그쳤다. 예수께서 물으셨다. "내게 손을 댄 사람이 누구냐?" 사람들이 모두 부인하는데, 베드로가 말하였다. "선생님, 무리가 선생님을 에워싸서 밀치고 있습니다." 그러자 예수께서 말씀하셨다. "누군가가 내게 손을 댔다. 나는 내게서 능력이 빠져 나간 것을 알고 있다." 그 여자는 더 이상 숨길 수 없음을 알고서, 떨면서 나아와 예수께 엎드려서, 그에게 손을 댄 이유와 또 곧 낫게 된 경위를 모든 백성 앞에 알렸다. 그러자 예수께서 그 여자에게 말씀하셨다. "딸아, 네 믿음이 너를 구원하였다. 평안히 가거라." (새번역)

여기 예수 주변에 몰려든 무리가 있습니다. 이들 모두는 간절한 소망 하나씩을 품고 찾아왔습니다. 사람들이 예수를 에워싼 것을 보면 예수가 병자를 무수히 고쳤다는 소문이 널리 퍼진 모양입니다. 이분을 만지면 내 병이 낫지 않을까 하는 간절한 마음으로 몰려들었습니다.

이들 중에서 피가 멈추지 않는 병인 혈루증을 12년간 앓고 있는 여인이 있었습니다. 그녀가 예수께 다가갑니다. 혈루증은 특히 여성에게 매우 심각한 병입니다. 한 달에 한 번 달거리를 해야 하는 여성에게 피가 멈추지 않는 병은 정말 치명적입니다. 12년 동안 이 여인은 병을 고치기 위해 모든 재산을 탕진했다고 합니다. 유명하다는 의사는 다 찾아갔지만 차도가 없었습니다. 어쩌면 예수가 이 여인의 마지막 희망일지 모릅니다.

그래서 인파를 헤치고 예수에게 다가갑니다. 그렇게 간절해서였을까요? 여인은 기적을 체험합니다. 기도가 응답된 것이죠. 여기서 우리는 질문해봐야 합니다. 이 여인이 아니라 거기 모여든 수많은 무리를 주목해야 합니다. 그들은 어떻게 되었나요? 한 사람이 아니라 수많은 사람이 예수께 손을 댔습니다.

그래서 예수는 "내게 손을 댄 자가 누구냐?"라고 물어봅니다. 이에 베드로는 다소 퉁명스럽게 "아니 예수님, 수많은 사람이 에워싼 채 밀치고 만지는데 손댄 사람이 한둘입니까? 이런 상황에서 손댄 자가 누구냐고 물어보시면 어떡합니까?"라고 대답합니다.

베드로가 이렇게 말할 정도로 예수에 손댄 사람이 많았는데, 그들은 다 어떻게 되었나요? 왜 이 여인의 기도만 통하고 나머지 무리의 기도는 통하지 않았을까요? 병이 나았다고 여인이 간증할 때 더 심각한 불치병을 앓고 있었으나 낫지 않은 사람은 얼마나 큰 상대적 박탈감을 느꼈을까요? 왜 그랬을까요?

예수께서 믿음을 재고 있었을까요? 혈루증 여인의 기도가 누구보다 간절했고 나머지는 간절하지 않아서, 그 여인만이 예수의 기준에 다다랐기 때문에 고쳐 주신 걸까요? 그러면 나머지 사람들은 '한번 만져 보지 뭐. 안 되면 말고.' 하는 마음으로 모였을까요? 아닐 겁니다. 모두가 간절한 마음으로 지푸라기라도 잡는 심정으로 예수를 만졌는데 왜 이 여인만 병이 나았을까요?

그 답은 46절과 48절에서 찾을 수 있습니다. 예수는 "내 능력이 빠져나갔다."는 다소 색다른 이야기를 합니다. 예수께서 잘 하지 않는 표현입니다. 자신의 의지와 상관없이 능력이 이 여인에게 흘러갔다고 말하는 장면인데 성경 어디에도 나오지 않는 표현입니다. 48절에서는 "네 믿음이 너를 구원하였다."라고 이야기합니다.

"네 믿음이 너를 낫게 하였다."가 아니라 "구원하였다."라고 말합니다. 어쩌면 이 말이 여인의 병이 나은 이유를 설명해줄지 모릅니다. 우리는 질문해봐야 합니다. 다른 사람들도 간절히 믿었을 텐데 어째서 이 여인의 믿음만 통했을까요? 도대체 이 여인의 믿음은 어떤 믿음이었을까요?

믿음은 간절함이 아니다

어떤 설교자들은 이 성경 구절을 근거로 "정말 간절히 믿으면 병이 낫는다, 정말 안 믿었기 때문에 낫지 않은 것이다."라고 말합니다. 저는 그렇게 생각하지 않습니다. 앞서 이야기했던 A 형제가 생명이 꺼져 가면서 얼마나 간절히 "하나님, 나를 고쳐주세요."라고 믿고 기도했는데, 그 간절함이 부족했을까요?

누가 감히 그런 말을 할 수 있을까요? 실존적 고통과 다가오는 죽음의 위협 속에서, 자신이 떠나고 난 이후에 홀로 남을 아내와 어린 딸을 봐서도 살려달라는 기도에 간절함이 부족하다고 그 누가 재단할 수 있을까요? 그 간절함은 누구도 상상할 수 없는 간절함입니다.

믿음이란 무엇일까요? 어쩌면 간절함이 아닐지 모릅니다. 그렇다면 믿음이라는 단어를 성경에서 어떻게 사용하는지 살펴봐야 합니다. 누가복음을 중심으로 살펴볼까요. 누가는 믿음이라는 명사를 11회, '…을 믿다'라는 동사를 9회 정도 사용합니다. 그런데 놀랍게도 동사의 용례를 살펴보면 성경이 말하는 믿음의 실체를 발견할 수 있습니다. 동사에는 목적어가 있어야 하므로 무엇을 믿었는지를 살펴볼 수 있습니다. 무엇을 믿거나 믿지 못했는지에 밑줄을 치면 더 확실해집니다.

누가복음 1장 20절을 봅시다. 아이가 없는 사가랴에게 아이가 생긴다는 기적 같은 이야기를 천사가 전합니다. 사가랴는 그 말을 잘 믿지 못합니다. 그때 천사가 이렇게 말합니다. "보아라, 그때가 되면 다 이루어질 내 말을 네가 믿지 않았으므로, 일이 이루어지는 날까지, 너는 벙어리가 되어서 말을 못하게 될 것이다." 여기서 중요한 말은 '그때가 되면 다 이루어질 내 말'입니다. 여기에 밑줄을 쳐야 합니다. 믿지 않았다고 할 때 대상이 있었습니다. 일을 이루겠다고 하신 하나님의 말씀을 믿지 않았습니다.

사가랴의 부인인 엘리사벳은 예수의 어머니 마리아를 향해 "주님께서 하신 말씀이 이루어질 줄 믿은 여자는 행복합니다"라고 노래합니다(누가복음 1장 45절). 여기서는 무엇을 믿었나요? 주님이 하신 말씀이 이루어지는 것을 믿었습니다. 여기서는 '주님이 하신 말씀이 이루어질 것'에 밑줄을 쳐야 합니다.

누가복음 8장 4-15절의 씨 뿌리는 자 비유에서는 "길가에 떨어진 것들은, 말씀을 듣기는 하였으나, 그 뒤에 악마가 와서, 그들의 마음에서 말씀을 빼앗아 가므로, 믿지 못하고"라는 구절이 나옵니다(12절, 새번역). 말씀은 들었으나 그 말씀을 믿지 못했습니다. 그러니까 여기서는 '말씀'에 밑줄을 쳐야 합니다.

13절은 또 다른 사람들을 소개합니다. "돌짝밭에 떨어진 것들은, 들을 때에는 그 말씀을 기쁘게 받아들이지만, 뿌리가 없으므로 잠시 동안 믿다가, 시련의 때가 오면 떨어져 나가는 사람들이다." 이들은 잠시 동안만 믿었어요. '하나님께서 하신 말씀, 약속의 말씀'을 받아들였지만 잠깐만 믿었습니다.

누가복음 8장 50절은 앞서 읽은 혈루증 여인 이야기에서 이어지는 구절입니다. "예수께서 들으시고 나서, 회당장에게 말씀하셨다. "두려워하지 말고, 믿기만 하여라. 딸이 나을 것이다." 이 번역은 다소 아쉽습니다. "나을 것이다."가 아니라 "구원을 얻을 것이다."라고 번역해야 합니다. 개역성경은 "딸이 구원을 얻으리라."고 옮겼습니다. 여기서는 믿으면 어떻게 된다고 말하고 있나요? 구원을 얻는다고 말합니다. "네 믿음이 너를 구원하였다."는 말과 유사한 맥락입니다.

(16장과 20장에 나오는 믿는다는 동사는 일반적 용례이므로 지나가겠습니다. '의탁하다,' 다른 사람의 말을 '믿다'라는 뜻으로 쓰였습니다.)

누가복음 22장 67절에서 대제사장들과 율법학자들이 예수를 공의회로 끌고 가서는 이렇게 이야기합니다. "그대가 그리스도이면, 그렇다고 우리에게 말해주시오." 그러자 예수는 그들에게 이렇게 답합니다. "내가 그렇다고 여러분에게 말하더라도, 여러분은 믿지 않을 것이요."

여기서는 무엇을 믿지 않는다고 말하나요? 예수가 자신을 그리스도라고 해도 대제사장들과 율법학자들이 예수의 말을, 예수가 그리스도라는 사실을 믿지 않을 것이라는 이야기입니다. 믿음의 대상이 무엇인가요? 예수의 말씀, 그 말씀 중에서도 예수가 그리스도라는 말씀을 믿지 않았다는 것입니다.

누가복음 24장 25절에서는 엠마오로 가는 제자들이 예수께 예루살렘에서 발생한 이야기를 들려주면서 여자들이 이상한 이야기를 한다는 투로 자초지종을 설명합니다. 그러자 예수가 이렇게 말합니다. "어리석은 사람들입니다. 예언자들이 말한 모든 것을 믿는 마음이 그렇게도 무디니 말입니다." 제자들은 무엇을 잘 믿지 못했나요? 예언자들이 이미 다 예언했던 그 말들을 믿지 못한다고 예수는 안타까워합니다.

'예수가 메시아일지 몰라'

누가복음에 쓰인 '믿다'라는 동사를 살펴보니 무엇을 믿는지가 선명해졌습니다. 믿는 내용은 놀랍게도 예수님의 말씀, 하나님께서 하신 말씀, 예언자들이 한 말들입니다. 한국 문화에 익숙하고 샤머니즘이 뼛속 깊이 박힌 우리는 믿음을 신심이라고 생각하는 경향이 강합니다. 신실하게 아뢰고 간절히 믿으면 이루어지는 게 믿음이라고 생각하기 쉽지만, 성경에서 말하는 믿음은 하나님께서 하신 말씀을 신뢰하는 것입니다.

하나님께서 하신 말씀이 무엇일까요? 하나님이 하나님이시라는 것입니다. 하나님이 주인이라는 말씀입니다. 그다음은 무엇일까요? 주인이신 하나님을 무시한 세상을 심판하고 회복하기 위해 예수께서 오셨고, 예수가 메시아라는 것입니다. 하나님은 하나님이시고, 깨지고 엉터리가 된 세상을 심판하고 회복하기 위해 예수가 메시아로 오셨습니다. 이를 증언하는 기록이 성경 말씀입니다.

그렇다면 믿음은 무엇일까요? 내가 믿고 싶은 것을 간절히 믿는 것이 아닙니다. 기독교가 가르치는 믿음은 자기가 믿는 바를 간절히 치성으로 믿는 게 아니라, 성경이 말하는 바, 하나님께서 약속하신 말씀을 믿는 것입니다. 누가복음만이 아니라 다른 복음서에도 이 사실은 확인됩니다. 마가복음 1장 15절에서 예수는 '때가 찾다. 하나님 나라가 가까이 왔으니 회개하고' 무엇을 믿으라고 하나요? 복음을 믿으라고 합니다. 예수가 깨진 세상에 와서 복음을 선포했고, 그가 메시아이며, 그가 하나님 나라를 가져왔다는 사실을 믿는 것이 기독교의 믿음입니다.

그러면 다시 혈루증 여인에게 돌아가 봅시다. 성경이 가르치는 믿음과 혈루증 걸린 여인의 믿음은 같은 것일까요? 혈루증 여인도 같은 믿음을 가졌을까요? 예수가 내게서 능력이 나갔다고 하면서 누구냐고 했더니, 숨어 있던 여인이 드디어 앞으로 나옵니다. 예수 앞에 엎드려 손을 댄 이유와 나은 경위를 이야기합니다. 성경은 여인이 손을 댄 이유를 자세히 적지 않습니다.

앞서 우리는 누가복음에 나타난 믿음의 용례를 전반적으로 훑어보았습니다. 이에 비추어 여인이 손을 댄 이유를 추정할 수 있습니다. '이 사람에게 손을 대면 낫겠구나.'라는 강력한 믿음이었을까요? 아닙니다! 당시 예수에게 손을 댄 사람이라면 누구나 그런 믿음을 가지고 있었을 것입니다. 이 여인의 믿음은 다른 이들의 믿음과 달랐습니다. 어떻게 달랐을까요?

누가복음에 나타난 '믿다'라는 동사의 목적어를 살펴본 바에 따르면, 이 여인은 '예수가 메시아일지 몰라! 그가 메시아라면 세상을 회복하시는 분이기 때문에 내 문제도 해결해줄지 몰라.'라는 작고 가녀린 믿음으로 예수께 손을 댄 것입니다. '예수가 메시아라면, 구약 때부터 우리가 기다려온 메시아라면, 깨지고 상한 세상을 심판하고 약하고 망가진 것들을 다시 고치고 회복하실 분이라면 나를 낫게 할지도 몰라.'

유사한 이야기가 마가복음 10장에도 나옵니다. 여리고성에서 바디매오라는 눈먼 거지가 살려달라고 외칩니다. "다윗의 자손 예수님, 나를 불쌍히 여겨 주십시오." 그는 다윗의 자손 중에서 메시아가 나온단다는 사실을 구약성경을 통해 알고 있었습니다. 이 예수가 혹시 그분일 줄 모르겠다고 생각해 거듭 목소리를 높입니다. "다윗의 자손님, 나를 불쌍히 여겨 주십시오." 예수는 그를 고쳐주고 "네 믿음이 너를 구원하였다."고 말합니다.

성경에서 말하는 믿음이 무엇입니까? 예수가 메시아라는 믿음입니다. 예수가 구약 때부터 그토록 오랫동안 기다려 왔던 그분이라고 믿는 것이 바로 성경이 말하는 믿음입니다. 한국 교회에서 흔히 듣듯이 '정말 세게 믿으면 하나님께서 기도를 들어주신다, 간절히 기도하면 들어주셔, 40일 간절히 금식기도하면 들어주셔.' 같은 식의 믿음이 결코 아닙니다.

겨자씨 정도면 충분하다

그래서 예수는 "네 믿음이 너를 낫게 했다."고 말하지 않았습니다. "네 믿음이 너를 구원했다."고 말합니다. 구원했다는 것이 무엇일까요? 하나님 나라에 들어갔다는 것입니다. 예수는 이를 선언하고 있습니다. 그래서 예수가 메시아라는 믿음이, 우리에게는 그 작은 믿음이 필요합니다. 혈루증 앓는 여인을 비롯해 성경 인물들의 믿음도 그렇게 깊어 보이지는 않습니다. 정말 아슬아슬하게 겨우 믿은 듯 보입니다. 그런데 그 믿음이 그들을 구원했습니다.

제가 어릴 때 정말 이해하지 못했던 성경 구절 중 하나가 '겨자씨만한 믿음만 있으면 된다.'였습니다. 겨자씨는 깨알만큼이나 작습니다. 그런데 겨자씨만한 믿음만 있으면 된다고 하니, 이게 뭔가 싶었죠. 누가복음 17장 5-6절은 이렇게 전합니다.

> 사도들이 주님께 말하였다. "우리에게 믿음을 더하여 주십시오." 주님께서 말씀하셨다. "너희에게 겨자씨 한 알만한 믿음이라도 있으면, 이 뽕나무더러 '뽑혀서, 바다에 심기어라' 하면, 그대로 될 것이다."(새번역)

"하루에 일곱 번 죄를 짓고, 일곱 번 네게 돌아와서 '회개하오' 하면, 너는 용서해 주어야 한다"고 예수가 말하자, 제자들은 어떻게 하루에 일곱 번씩이나 용서를 할 수 있냐며, "믿음을 더해주십시오."라고 요청합니다. 이에 예수는 "겨자씨 한 알만한 믿음"만 있으면 된다고 말합니다. 어릴 때는 이해가 안 됐습니다. 그런데 성경을 배우면서 깨달았습니다. 하나님께서 우리에게 원하시는 것은 큰 믿음이 아니라 작은 믿음이며, 믿기만 하면 된다는 것입니다. 하나님께서 하시겠다고 약속하신 사실을 전인격으로 받아들이는 것이 믿음이며 '그것을 세게 믿든 약하게 믿든 별 차이가 없구나. 그래서 겨자씨 한 알만한 믿음이면 되는구나.' 하고 깨달았죠.

한 목사님께서 이런 예화를 말씀하셨다고 해요. 제가 직접 만난 분은 아니지만 탁월한 비유라서 소개합니다. 홍해의 기적 아시죠? 눈앞의 깊고 푸른 바다가 갈라졌다고 생각해보세요. 바다가 양쪽에 벽처럼 세워졌습니다. 그 가운데를 걸어서 건너가야 합니다. 그게 쉬울까요? 저라면 엄청 겁이 날 것 같습니다. 물이 언제 쏟아져 내릴지 모르니까요.

믿음이 센 사람들은 할렐루야를 부르면서 막 걸어갑니다. 그런데 안 갈 수도 없고 갈 수도 없는 그런 사람들은 어떻게 갈까요? 양 옆의 물을 보면서 '어… 어… 물이 언제 쏟아질지도 모르는데, 어… 어…' 이러면서 갔을지 모릅니다. 하지만 이 사람도 믿었다는 겁니다. '어… 어…' 하고 걸어갔던 사람과 할렐루야를 부르며 걸어갔던 사람 모두 홍해를 건너갔습니다. '어… 어…' 하고 걸어가는 것이 겨자씨만한 믿음입니다. 그것도 믿음입니다.

하나님께서 원하시는 것은 이것입니다. 하나님께서 하신 일을 믿는 것, '어… 어…' 하지만 믿고 따라가는 것이 겨자씨만한 믿음입니다. 혈루증 걸린 여인은 병이 나을 것이라고 세게 믿은 게 아니라, '예수가 메시아일지 모른다. 이 세상을 회복할, 구약 때부터 기다려온 그분일지 모른다. 만약 그분이 맞는다면 내 병도 고쳐줄 것이다.'라고 믿었던 것입니다.

그러니까 기독교의 믿음은 얼마나 간절하고 강하게 믿느냐가 아니라 무엇을 믿느냐가 중요합니다. 다시 한 번 강조하면, 얼마나 진실하고 간절하고 강하게 믿느냐가 아니라 무엇을 믿느냐가 기독교의 핵심입니다. 그런데 오늘날 한국 기독교는 세속주의와 샤머니즘의 영향을 강하게 받아서인지 믿음의 원래 개념은 온데간데없어져 버리고 세게 믿으면 하나님께서 응답하신다는 식의, 소위 무당 같은 종교가 되었습니다.

하나님은 하나님이시다

오늘날 우리에게 필요한 믿음은 무엇일까요? 첫째, 하나님이 하나님이시라는 믿음입니다. 하나님이 하나님이시라는 믿음은, 하나님은 내 맘대로 할 수 있는 분이 아니라 우주를 다스리고 계시며 우주를 이끌어 가시는 주인으로 인정하는 것입니다. 맨 처음 봤던 매티의 시를 다시 한 번 읽어 볼까요. 아까 읽은 시의 뒷부분입니다. 시 전체를 읽어 봅시다.

마지 아줌마네 꼬마 아기가 어젯밤 죽었다고 엄마가 말했습니다.
깜짝 놀랐습니다. 화가 났습니다.
저는 기도를 많이 했습니다. 하나님…
매일 밤마다 기도했습니다. 매일 낮마다 기도했습니다.
"꼬마 아기를 살려 주세요."라고
우리는 쉬지 않고 기도했습니다.
그런데 아이가 죽었다고 엄마가 말했습니다.
화가 나서 저는 소리쳤습니다.
"기도해도 소용없잖아.
하나님은 듣지도 않아. 기적을 내리지도 않고,
아기를 살려 주지도 않고 아무것도 안 해."

엄마는 말했습니다.
하나님은 우리 기도를 다 들어준다고.

하지만 기도를 듣는다고 해서

항상 우리가 원하는 대답을 하는 것은 아니라고.

우리가 원하는 것을 다 들어주는 게 기도는 아니라고.

아기는 천국에 가서 키가 제일 작은 천사가 됐으니

그게 기적이 아니겠냐고.

매일매일 기적은 일어나고 있겠죠?

그런데도 또 다른 기적을 바라니까

그런 기적이 제 눈에는 보이지 않았나 봐요.

하나님, 매일매일 기적을 베풀어 주셔서 감사합니다.

우리 기도를 들어주셔서 감사합니다.

마지 아줌마네 아기 일은 너무나 슬프지만

하나님께 화를 내지는 않겠습니다.

아멘.

이 시는 매티 스테파넥이라는 소년이 열한 살 때 지은 시입니다. 매티는 태어나면서부터 불치병을 앓고 있었습니다. 점점 근육이 퇴화하여 죽음에 이르는 이 병을 가진 매티는 휠체어와 인공호흡기에 의존해서 살다가 결국 열네 살에 죽습니다. 이 아이가 남긴 글과 이야기에 얼마나 심오한 신학이 담겨 있는지 모릅니다. 어른들조차 자기가 기도한 대로 하나님이 움직여 주길 바랍니다. 이 아이는 하나님이 우리 기도를 들으시지만, 우리가 기도한 대로 응답하는 분이 아님을 소년의 언어로 말해줍니다.

내가 원하는 대로 응답하시는 하나님이 아니라, 하나님이신 하나님, 그러나 나의 기도를 들으시는 하나님. 내가 원하는 방식으로 일하는 하나님이 아니라, 내가 원하지 않는 방식으로 지금도 여전히 기적을 일으키시는 하나님. 이 기도문을 썼던 매티는 이런 하나님을 믿었기 때문에 보통사람이라면 겪어내기 어려운 고통 속에서도 너무나 아름답고 멋지게 살았습니다.

어른들도 자신의 기도에 응답하시는 하나님을 믿고 싶어 하는데, 어린 이 아이가 '내가 원하는 대로 기적을 행하지 않는 하나님', 그 하나님을 알고 있었습니다. "오프라 윈프리 쇼"에 출연한 매티에게 오프라 윈프리가 이렇게 물었습니다. "건강은 어때, 요즘 어떻게 지내?" 휠체어를 탄 매티는 밝은 표정으로 대답했습니다. "건강도 꽤 괜찮고요, 신나는 거로 치면 저는 아주 잘 지내고 있어요. 최고예요."

어떻게 이렇게 살 수 있을까요? 하나님을 하나님이라고 믿기 때문입니다. 내게 주어진 하루가 하나님께서 주신 귀한 하루라고 이 아이는 진짜 믿었습니다. 그래서 하루하루를 신나게 살았습니다. 매티 이야기를 읽으면서 A 형제가 떠올랐습니다. 제가 A를 찾아갔던 이유는 그의 아내가 "A가 얼마 남지 않은 것 같은데 목사님을 꼭 뵙고 싶어 해요."라며 연락을 해서입니다.

A는 저를 붙들고 계속 "제가 조금만 더 큰 믿음이 있었다면 아내랑 아이랑 살 수 있을 텐데, 목사님 제 믿음이 너무 부족해요. 저를 위해 기도해주세요."라고 했어요.

10분도 같이 이야기하기 힘든 A를 붙들고 이야기했어요. "그게 믿음이 아니란다. 네가 믿음이 없어서 하나님께서 널 안 고치시는 것이 아니란다. 하나님은 너를 살릴 수도 있고 데려갈 수도 있다. 그걸 믿는 거야. 하나님이시니까. 네가 나보다 짧게 산다고 누가 이야기할 수 있어? 나도 집에 돌아가다가 교통사고로 죽을 수도 있어. 그게 우리 인생이야." "그럼 내 아내랑 딸은 어떻게 해요?" "그건 하나님께 맡겨야지." A는 굉장한 혼란에 빠졌어요. 30분 넘게 이야기하면서 "그게 믿음이군요."라고 고백했습니다.

그래서 A에게 이야기했습니다. "하루하루 살려달라고 기도하지 마. 그냥 하루하루를 살아. 우리 모두에게 하루가 선물이야. 그게 얼마나 소중한 시간인데." A를 만나고 돌아온 그날 저녁에 그의 아내에게서 전화가 왔습니다. "목사님, 남편이 정말 오랜만에 밥도 먹었어요. 평안해졌어요." 그 형제는 사흘 후에 하나님 품에 안겼습니다.

내 마음대로 움직이는 하나님?

믿음이 무엇일까요? 기독교의 믿음은 무엇인가요? 하나님을 조종해서 내가 원하는 것을 받아내는 것일까요? 그것은 무당 종교입니다. 그것은 기독교가 말하는 믿음이 아닙니다! 하나님은 하나님의 일을 하십니다. 하나님은 하나님이십니다.

사람들이 하나님을 만났는데도 변하지 않는 이유는 하나님이신 하나님을 믿지 않고, 자신이 원하는 하나님을 믿기 때문입니다. 하나님이신 하나님을 믿어야 합니다. 그렇기 때문에 우리는 끊임없이 하나님을 알아 가야 합니다. 우리의 선입견과 오해는 성경 읽기와 묵상을 통해 교정되어야 합니다.

최근에 엘리야에 대해 묵상했습니다. 그 위대한 선지자가 도망가서 까마귀의 도움으로 연명합니다. 그건 그나마 괜찮았습니다. 그다음에는 가난한 과부의 집에 기거하면서 무려 3년을 얻어먹으며 삽니다. 엘리야가 무슨 생각을 했을까요? '이게 도대체 뭐냐? 하나님의 일을 하도록 부르심 받은 내가 기껏 까마귀가 물어다 주는 것을 먹고 살다니. 그래도 그건 초자연적 일이니 그러려니 하겠는데, 이젠 과부에게 붙어사는구나.' 처음에는 엘리야도 그 3년을 이해하지 못했을 겁니다. 하지만 하나님을 믿었기에 그 3년 동안 하나님을 의지하는 법을 배웠습니다.

  엘리야만 그랬을까요? 요셉은 또 어땠나요? 요셉이 뭘 잘못해서 이집트까지 끌려가 종이 되고 옥에 갇혀야 했나요. 모세는 어떻습니까? 왜 40년 동안 광야에서 아무것도 아닌 존재로 살아야 했나요. 하나님은 하나님이십니다.

  '나는 내 인생을 이렇게 살고 싶어요. 이렇게 만들고 싶어요. 이렇게 만들어 주세요.'라는 소원은 가질 수 있습니다. 쇼핑하듯이 '내 인생은 이런저런 것들이 있으면 좋겠어요.'라고 위시리스트를 만들 수도 있습니다. 하지만 하나님이 그런 기도를 다 들어주실 이유가 없으실 뿐더러, 우리의 위시리스트는 너무나 세속적이고 물질적이고 하나님과 관련이 없기 때문에 하나님께서 들어주고 싶어도 들어주기 어려울 때가 너무나 많습니다.

  그러므로 오늘날 우리가 가져야 할 믿음은 하나님이신 하나님을 믿는 것입니다. 내가 믿고 싶은 대로 하나님을 재단하지 말고, 오늘도 우리에게 하루의 생명을 선물로 주시는 그 하나님을 믿어야 합니다. 진실을 가로막는 가장 무서운 것은 선입견입니다. 인간관계도 선입견이 생기면 발전하지 않습니다. 하나님과의 관계에서도 하나님에 대한 인간의 선입견이 가장 큰 걸림돌입니다. 그 선입견은 지금처럼 성경을 같이 읽고 이야기를 나누면서 깨집니다. 그리고 하나님이 어떤 분인지 알아 가면서 믿음이 자랍니다.

예수 때문에 생기는 용기

오늘날 우리에게 필요한 믿음은 하나님이 하나님이시라는 믿음만이 아닙니다. 예수가 메시아라는 믿음 역시 확실히 해야 합니다. 성경 전체가 가르치는 하나님은 어떤 하나님인가요? 그 하나님은 내 마음대로 부릴 수 있는 자가용 같은 하나님이 아닙니다. 나만을 위해 존재하는 하나님도 아닙니다. 나만 귀하다고 하시는 하나님은 더더욱 아닙니다.

하나님은 깨진 세상, 불의가 판치는 세상을 심판하고 회복하기 원하시는 분입니다. 그래서 이 세상을 심판하고 회복하기 위해 예수를 메시아로 보내셨습니다. 심판 이후에 회복이 있다고 구약성경에서부터 일관되게 가르칩니다. 이것은 성경이 가장 중요하게 가르치는 내용입니다. 예수는 단지 천국 입장권을 주기 위해 오신 분이 아닙니다.

하나님을 떠나 깨진 세상을 심판하러 온 심판자이신 메시아가 오히려 그 심판을 받았다는 것이 복음입니다. 하나님 나라에 들어갈 수 있는 길을 예수께서 여셨으며, 당장 받을 수밖에 없는 심판을 유예시켰습니다. 하나님이 왜 심판을 유예하고 계실까요? 더 많은 사람이 하나님 나라에 들어가도록 기회를 주기 위해서입니다. 하나님은 당장 심판할 수 있습니다. 사람들은 겁도 없이 "이렇게 세상이 엉망인데 심판 안 하시나?"라고 이야기합니다. 아닙니다! 하나님은 당장 하실 수 있습니다.

예수가 와서 스스로 심판을 받으심으로 마지막에 올 심판이 미루어졌고, 지금은 유예하고 계십니다. 하나님께 돌아올 수 있는 기회를 사람들에게 주신 다음, 마지막에 완벽하게 심판하시고 완벽하게 회복하실 것입니다. 이것이 예수 메시아를 믿는 우리 믿음의 내용입니다.

지금 요약한 내용이 신구약 성경을 관통하는 하나님 나라 사상이며, 예수께서 끊임없이 가르치셨고 선지자들이 예언했던 내용이며, 초대교회 성도들이 따르며 살았던 진리입니다. 이 모두를 싹둑 잘라버리고 "예수 믿으면 천당 가요."라는 식으로 말하는 기독교는 너무나 얕은 기독교입니다. 예수가 메시아라는 사실을 믿는 것이 얼마나 중요한지 모릅니다.

그러면 사람들이 질문합니다. "목사님, 예수가 메시아인 줄 믿습니다. 그런데 왜 저는 기도해도 병이 안 낫죠?" 왜 그럴까요? 하나님 나라가 시작됐지만 완성되지는 않았기 때문입니다. 하나님 나라가 완성될 때 모든 불안정과 아픔과 불의가 바르게 회복될 것입니다. 하나님의 다스림은 이미 시작됐습니다. 우리는 중간 단계에 있습니다. 그래서 믿음으로 나을 줄 알고 기도도 하지만, 믿고 기도해도 병이 안 나을 때가 있음도 압니다. 물론 나을 때도 있습니다. 하나님께서 치유가 필요하시면 낫게 하시고, 그렇지 않으면 우리를 불러가십니다.

몇 해 전, 아버지의 병이 위암 말기란 청천벽력 같은 소식을 들었을 때, 병원에서는 입원해서 빨리 수술받아야 한다고 권유했습니다. 수술을 해야 하나 말아야 하나를 고민하면서 아버지와 어머니 저 셋이서 손잡고 한 기도를 잊지 못합니다. 아버지께서는 이렇게 기도하셨습니다. '하나님, 지금까지 살아온 것 너무 감사합니다. 제가 더 살아야 한다면 저를 살려 주시고, 제 역할을 다했다고 생각하시면 저를 이제 불러 가십시오.' 이것이 믿음 아닐까요.

우리가 사는 세상에는 여전히 죽음과 질병과 고통이 상존합니다. 그것들을 없애는 것이 기독교가 아니라, 그럼에도 불구하고 힘있고 의연하게 자기 길을 걸어가고 자기 몫을 다하게 하는 것이 기독교입니다. 왜 그럴까요? 예수가 하나님 나라를 시작했고 우리는 그 나라 백성이 되었기 때문입니다. 주님이 다시 오실 때 완벽하게 회복하리라 믿기 때문입니다. 그러므로 허무에 굴복하지 않고 자기 연민에 빠지지 않으며 더 탐욕적으로 세상에 붙어 있지 않고 하나님이 부르시면 떠날 수 있습니다. 제가 할 일이 더 있어서 남겨 두시면 남으면 됩니다. 이것이 메시아를 '믿는' 사람의 특징입니다.

소원이 아니라 은혜를 따라

그렇다면 그 하나님이 우리에게 어떤 은혜를 주실까요? 혈루증 앓는 여인이 예수가 메시아일지 모른다는 작은 믿음으로 손을 댔을 때, 치유의 은혜가 자동으로 흘러 나갔습니다. 하나님은 지금도 그처럼 우리를 돕기 원하십니다. 이를 잘 알았던 히브리서 저자는 이렇게 이야기합니다.

> 그러므로 우리는 담대하게 은혜의 보좌로 나아갑시다. 그리하여 우리가 자비를 받고 은혜를 입어서, 제때에 주시는 도움을 받도록 합시다 (히 4:16, 새번역).

하나님의 은혜의 보좌 앞에 나아갈 때, 하나님은 우리에게 은혜를 베푸십니다. 내게 필요한 은혜를 제때 주십니다. 제가 젊었을 때 지금은 돌아가신 윤종하라는 분이 계셨습니다. 성경 읽기와 묵상에 주력하는 성서유니온선교회에서 열심히 활동하셨는데, 당시 그분은 50대 초반이셨고 저는 20대 중반이었습니다. 그때 나눈 이야기가 기억납니다. "나이가 드시니 그리스도인으로 사는 삶이 어떠세요?" 하고 여쭈었더니 윤 총무님께서 이렇게 답하셨습니다. "젊을 때는 열정으로 살아요. 하나님을 향한 열정으로 살죠. 나이가 들면 그 열정은 사라지고 점점 수그러들어요. 열정이 수그러들 때, 그때야말로 하나님을 의지할 때죠."

저 역시 지금 똑같이 싸우고 있습니다. 제 열정은 사라지고 있습니다. 젊을 때의 열정은 없습니다. 그렇지만 매일매일 하나님께 의지해서 하나님께서 주시는 새로운 힘을 경험하면서 사는 법을 배웁니다. 매일매일 내게 필요한 은혜를 그분께 구하며 살고 있습니다. 옛날에는 하나님을 위해서, 교회를 위해서, 사람들을 위해서 열정으로 일할 수 있었습니다. 지금은 몸도 마음도 옛날 같지 않아서 '하나님, 당신의 은혜가 저에게 필요합니다.' 하고 그분에게 더 의지하게 됩니다.

앞에서 만났던 매티는 병을 낫게 해달라고 기도하지 않았습니다. 대신 세 가지를 기도했죠. 그 세 가지가 참 재미있습니다. "첫째, 책을 출판하게 해주세요. 둘째, 나의 영웅이 지미 카터 대통령이니, 지미 카터 대통령을 만나게 해주세요. 마지막으로 '오프라 윈프리 쇼'에 나가게 해주세요."였습니다. 이 세 가지가 소년의 꿈이었죠.

그 소원을 엄마가 이뤄 주려고 매티가 열 살이 되자 책을 200부 찍습니다. 그런데 저자가 사인하는 5분 동안 200부가 다 나갔죠. 뜻밖에 책이 50만부 이상이 팔려서 베스트셀러가 됩니다. 그러고서 지미 카터 대통령과 전화를 하고 만나서 친구가 돼요. 아이 장례식 때 지미 카터 대통령이 추도사를 합니다. "내가 만난 친구 중에 가장 훌륭한 친구"라고 하지요. "오프라 윈프리 쇼"에도 나가서 오프라 윈프리를 만납니다. 하나님께서 매티의 기도를 들어주셨습니다. 이처럼 하나님은 우리에게 필요한 은혜를 주십니다. 내가 원하는 은혜가 아니라 내게 적합한 은혜를 주십니다.

내 코끝 앞에 계신 하나님

마지막으로 우리에게 필요한 믿음은 '성령의 도움을 받으며 인격적 관계를 맺는 것'입니다. 하나님은 하나님이시고, 하나님은 계십니다. 이것이 우리가 믿는 바입니다. 그러면 우리는 어떻게 해야 할까요? 기도할 수 있습니다. 기도할 때 어떻게 해야 할까요? 하나님이 계시다고 믿는다면 어떻게 기도해야 할까요? 살아 계신 주님을 맞이해야 합니다.

많은 사람들이 기도를 허공에 날리는 때가 많습니다. 어디에다 기도하는지 잘 모르는 기도입니다. 믿음이 없는 기도입니다. 기도할 때는 하나님이 내 코끝 앞에서 듣고 계시다고 믿어야 합니다. 하나님은 큰 소리로 말하지 않아도, 신음같이 작은 소리로, 기어들어가는 소리로 기도할지라도 내 코앞에서 들으십니다. 이 사실을 믿어야 합니다. 하나님은 우리 기도를 듣고 계십니다. 내 기도를 들으시는 하나님! 듣기만 해도 얼마나 감사한지요. 내 맘대로 움직이는 하나님이 아니라 내 기도를 들으시는 하나님입니다.

하나님께 예배드릴 때도 믿음을 사용해야 합니다. 그것이 믿음입니다. 예배하러 가서 구경만 하지 마세요. 물론 믿음이 아주 없을 때는 구경할 수 있습니다. 그런데 신앙생활을 오래 하신 분마저 예배 시간에 종종 구경하고 있습니다. 그래서 "예배 보러 간다."는 표현까지 나옵니다. 영화를 보러 가듯이 예배도 보러 가고 있지는 않은지요.

설교를 들을 때 믿음으로 하나님이 내게 무슨 말씀을 하시는지 귀를 기울여야 합니다. 설교는 하나님이 내게 뭐라고 말씀하시는지를 듣는 시간입니다. 왜 그럴까요? 하나님이 살아 계시니까요!

성경을 읽을 때도 성경을 통해 하나님이 내게 뭐라고 말씀하시는지를 들어야 합니다. 그것이 믿음입니다. 살아 있는 믿음입니다. 그게 겨자씨만한 믿음이며, 우리에게 필요한 믿음입니다.

살다가 어려움을 겪을 때 '너무 힘듭니다. 없애주세요.'라고 기도할 수 있습니다. 그러나 '하나님 뜻이면 그냥 두세요.'라고도 기도해야 합니다. 왜냐하면 인생의 고통을 통해 우리 삶이 정화되고 정돈되기도 합니다. 하지만 저 역시 제 인생에 닥쳤던 수많은 어려움들이 지금도 없었다면 더 좋았겠다고 생각합니다. 모나고 자기 잘난 맛에 사는 인간으로 살았어도 차라리 그 고통이 없었다면 좋았겠다고 생각합니다. 하지만 고통은 내가 선택할 수 없습니다. 그 고통을 통해 하나님이 나를 단련시킵니다.

그래서 이런 경험을 반복하면, 어려움이 찾아올 때 의연할 수 있습니다. "아! 하나님 나라가 시작됐고 우리가 하나님의 다스림 아래 있지만 그 나라가 아직 완전히 임하지 않았기 때문에 나 자신의 어려움, 세상의 불안전함, 주변 사람들의 수많은 문제가 얽혀서 이런 어려움을 겪는구나." 하고 한 발 물러서서 볼 수 있습니다. 이것이 하나님 나라를 받아들인 사람의 자세입니다.

그러면서 "하나님 당신의 나라가 어서 오면 좋겠습니다. 나와 내 이웃의 한계, 우리가 사는 세상의 모순을 완전히 넘어서서, 사람들의 눈물이 닦이고 더 이상 그 입에서 한숨이 나오지 않는 그 세상을 열어 주십시오." 하고 소망하게 됩니다. 완전한 회복을 고대하며 기대하는 것이죠. 그게 믿음입니다.

고통이 깊을 때마다 당연히 우리는 고통을 없애 달라고 기도합니다. 우리는 고통을 즐기는 사람들이 아니니까요. 그러나 고통이 찾아오면 어떻게 해야 할까요? "하나님, 내 뜻대로 마시고 하나님의 뜻대로 해 주십시오." 하고 기도합니다. 하나님을 의지하는 것이죠. 그분은 지금도 살아계셔서 내 코끝 앞에서 내 기도를 듣고 계시니까요.

모든 것이 환하게 설명되는 그날까지

제가 아는 B 형제는 정말 깊은 우울증을 앓고 있습니다. 우울증이 얼마나 위험한 줄 아시나요? 우울증을 앓아 본 사람이 아니면 어느 정도인지 잘 모를 때가 많습니다. 우울감은 누구에게나 가끔 찾아옵니다. 하지만 우울감과 우울증은 다릅니다. 우울증은 자기 존재가 무의미하게 느껴지고 (meaningless) 아무것도 하기 싫은 무력감에 갇혀 (powerless) 어떤 도움도 받을 수 없다고 생각합니다

(helpless). 상상할 수 없는 어려움입니다. 주일 예배에 나와 앉아 있지도 못합니다. 집 밖으로 나가기가 싫은 게 아니라 아예 못 나갑니다. 자신이 깊은 우울증 환자임을 알고는 약을 먹고 치료는 받아도, 이 증상을 어쩌면 평생 겪으며 살아야 한다는 생각은 참 받아들이기 힘듭니다.

그런데 B는 하나님 나라를 발견하고는 깨달았습니다. '깨지고 상한 세상에는 우울증만이 아니라 여러 병증이 있을 수밖에 없고, 우울증은 그중에서 내게 주어진 내 몫이구나.' 믿음을 가지면서 그 사실을 받아들이기 시작했습니다. 그러고 나서는 깊은 우울에 빠질 때마다 하나님을 찾고 바라는 연습을 하기 시작했죠.

잘 아시듯 그런 노력을 못하는 것이 우울증입니다. "목사님, 제가 정말 힘들어서 문자라도 보내면 기도해주세요. 그런데 제가 너무 오랫동안 문자를 보내지 않으면 깊은 우울증에 빠진 줄 아시고 문자가 끊어지더라도 기도해주세요." 그러면서 B는 우울증과 함께 사는 법을 배우기 시작했습니다.

지금은 다른 사람이 알아보지 못할 정도로 꽤 정상적으로 살고 있습니다. 하지만 내면의 고통은 여전합니다. 그를 볼 때마다, 그와 비슷한 형제를 볼 때마다, 우울증은 아니어도 이생에서 해결되지 않는 여러 문제를 안고 사는 친구들을 볼 때마다 저는 기도합니다. "하나님, 저것 없애 주세요. 치유해주세요. 회복시켜 주세요. 그러나 만약 그것을 안고 가는 것이 하나님의 뜻이고, 질그릇같이 약한 우리 몸에서 당신의 강함이 드러나는 것이 당신의 뜻이라면, 아직은 정확히 모르지만 당신의 뜻이 이루어지기 원합니다."

세월이 많이 지난 다음에 우리가 왜 이 사망의 음침한 골짜기를 지났는지 주님께서 설명해 주실 날이 올 겁니다. 그날까지 그분을 의지하고 걸어가는 것, 그것이 살아 있는 믿음입니다.

하나님을 만났어도 사람들이 변하지 않는 이유는, 하나님을 인격적으로 날마다 순간순간 의지하지 않기 때문입니다. 오히려 고통 가운데 있거나 문제가 있는 사람은 그 고통이나 문제로 인해 하나님을 의지할 수 있습니다. 의지하지 않고는 하루도 살아낼 수 없기 때문입니다. 기도가 응답되지 않았다고 너무 슬퍼하지 마세요. 책을 읽는 당신도 하나님께 화가 나 있는지 모르겠네요. 하나님은 당신의 기도를 들으셨습니다. 당신의 간절한 외침을 들으셨어요. 그런데 그냥 두고 계신다면 분명 그분의 다른 뜻이 있는 겁니다.

하나님을 하나님으로 믿는 믿음, 예수를 메시아로 믿는 믿음. 하나님 나라가 시작되어 이제 완성될 날이 올 것이라는 믿음. 이러한 믿음에 의지해 날마다 순간순간 살아가는 믿음, 그것이 겨자씨만 한 믿음입니다. 내가 믿고 싶은 것을 믿는 믿음이 아니라, 진정한

이 믿음이 우리 삶을 조금씩 변화시키고 깊어지게 만듭니다. 우리에게 필요한 것은 내가 믿고 싶은 것을 간절히 믿는 큰 믿음이 아니라, 하나님을 하나님으로 믿는 겨자씨만한 믿음입니다.

내가 믿고 싶은 대로 믿는다고 변하지 않습니다.
성경이 가르치는 믿음은 내가 원하는 것을
간절히 바라는 것이 아닙니다.
하나님이 하신 일, 하시고 계신 일, 그리고
하시겠다고 약속하신 것을 전인격적으로 받아들이는 것입니다.
하나님의 진리에 겨자씨만한 믿음으로
반응하기 시작할 때 우리의 변화도 시작됩니다.

4

성경을
많이
배웠지만

만남은
멈추지
않는다

"저 사람은 성경을 줄줄 외우는데,
삶과 인격은 그대로네요."

　기독교는 성경을 매우 중요하게 여깁니다. 어느 교회든지 수많은 성경 관련 프로그램이 있습니다. 통독, 큐티, 필사, 암송, 귀납적 성경 연구까지 다양합니다. 성경을 각 권별로 공부하고, 성경 주해에 관심을 보이는 분들도 있습니다. 그래서 어떤 이들은 성경을 더 깊이 공부하려고 신학교에 진학합니다. 기독교만큼 자신의 경전을 중요시하고 일반 성도까지 경전을 읽고 연구하게 하는 종교는 많지 않습니다.

　성경을 많이 읽고 연구하는 것이 영적 성장에 실제로 중대한 영향을 미칩니다. 미국의 윌로크릭교회가 그리스도인 25만 명가량을 대상으로 영적 성장에서 중요한 요소가 무엇인지를 조사한 적이 있습니다. 영적 성장 과정을 4단계로 나눠 조사했는데, 모든 단계에서 성경이 중요한 요소 중 하나로 꼽혔습니다. 그리스도인의 삶에서 성경이 얼마나 핵심적 역할을 하는지 미루어 짐작할 수 있습니다.

여기서 질문이 생깁니다. 성경을 많이 읽고 공부했지만 그다지 변하지 않는 사람을 자주 만나기 때문입니다. 성경 지식은 해박하지만 삶과 인격은 그대로인 사람들 말입니다. 성경을 줄줄 외우지만 사는 모습은 상식적이지 않아서 '저거 좀 이상한데, 열심히 믿으면 저렇게 되나.' 하는 의구심마저 듭니다. 그러다 보니 성경을 많이 읽고 공부한다고 해서 정말 영적으로 성장하는가 하는 질문도 나옵니다.

또 많은 이들이 매일은 아니라도 큐티를 합니다. 얼마간은 영적 생활에 진보를 보이는가 싶다가도 결국에는 제자리로 돌아옵니다. 그래서 성경 읽는 것도, 설교 듣는 것도 시들해집니다. 성경이 어떤 사람에게는 변화의 중요한 역할을 하는데, 어떤 사람에게는 그렇지 않은 것 같습니다. 왜 그럴까요? 예수가 살았던 시대에도 성경에 능통했던 사람들이 있었습니다. 누구보다 성경을 열심히 가르치고 지켰던 바리새파 사람들과 율법학자들입니다. 이들에게서 그 이유를 발견할 수 있습니다.

바리새인과 율법학자

바리새파 사람들은 분리주의자로 불렸습니다. 하나님을 기쁘게 하려고 구약의 율법을 열심히 공부하고 매사에 율법을 지키려 최선을 다했습니다.

이들은 사제 계급이나 특별한 기득권을 가진 그룹이 아니라 민중 가운데 살면서 유대인의 리더 역할을 했습니다. 일상에서 율법을 어떻게 지킬지를 알려 주는 해설집을 만들기도 했습니다. 수백 개의 규례를 만들어 경건의 척도로 제시했습니다. 이처럼 바리새파 사람들은 율법을 정확히 해석해 민중을 이끌어 가는 역할을 감당했습니다.

율법학자는 바리새파 사람들보다 더 유서가 깊은 사람들입니다. 이들은 구약 시대부터 율법을 필사하고 연구해서 가르쳤던 전문 학자였습니다. 원래는 레위 지파 출신으로 세습직이었고, 왕정 시대가 되자 왕을 도와 국가의 중요문서를 기록, 정리, 보관하는 역할까지 맡았습니다. 왕의 비서나 공증인으로 성전 창고를 관리하거나 어떤 때는 군인을 징발하는 역할도 합니다.

이스라엘 왕국이 패망하고 포로기로 넘어가면서 율법학자들은 원래대로 율법을 기록하고 가르치는 교사 역할을 합니다. 이들은 어려서부터 훈련을 받고 열네 살쯤에 벌써 율법 해석에 통달한 자가 나올 정도였습니다. 처음에는 탈무드 보조교사로 활동하다가 수련을 계속 쌓아서 40세에 안수를 받고 정교사가 됐습니다. 그러니까 이들은 성경을 평생 공부하는 사람들입니다. 이들은 구약의 전통을 해석해 새로운 종교적 규약을 만들기도 하고, 민·형사 재판에 재판관의 일원으로 참여했습니다. 대개는 바리새파에 속했으며, 산헤드린 공의회의 핵심 인물이었습니다.

바리새파 사람들과 율법학자들은 공인된 사회 지도자이자, 평생 율법을 공부하고 훈련한 사람입니다. 성경을 열심히 읽어서 성경을 통해 사람이 변한다고 가정한다면, 가장 많이 변해야 할 사람이 이들입니다. 이들이 예수를 자주 만납니다. 누가복음에서만도 열다섯 번 정도 만났다는 기록이 나옵니다. 그런데 흥미로운 사실은 한 번도 유쾌한 만남이 없었다는 것입니다. 예수와 그들은 끊임없이 대립각을 세웠고, 그렇게 자주 예수를 만났지만 변하지 않았습니다. 예수가 죽고 부활한 다음, 초대교회가 생긴 후에야 바리새파 사람 중에서 많은 사람이 회심했다는 이야기가 사도행전에 나옵니다.

이들은 예수가 활동했던 당대에는 변하지 않았습니다. 누구보다 성경을 많이 공부하고 성경대로 살려고 애쓰고 그것도 모자라 다른 사람들도 그렇게 살게 하려고 애썼는데, 정작 자신들은 왜 변하지 않았을까요? 오늘날도 성경을 열심히 공부하고 성경대로 살려고 노력하지만 변화되지 않는 사람이 있다면, 예수가 바리새파 사람들과 율법학자들에게 한 말에서 그 이유를 찾을 수 있을지 모릅니다. 먼저 예수가 바리새파 사람들에게 한 혹독한 말을 살펴볼까요.

껍데기만 근사한

누가복음 11장 37-44절을 보겠습니다.

예수께서 말씀하실 때에, 바리새파 사람 하나가 자기 집에서 잡수시기를 청하니, 예수께서 들어가서 앉으셨다. 그런데 그 바리새파 사람은, 예수가 잡수시기 전에 먼저 손을 씻지 않으신 것을 보고, 이상히 여겼다. 그러나 주님께서는 그에게 말씀하셨다.
"지금 너희 바리새파 사람들은 잔과 접시의 겉은 깨끗하게 하지만, 너희 속에는 탐욕과 악독이 가득하다. 어리석은 사람들아, 겉을 만드신 분이 속도 만들지 아니하셨느냐? 그 속에 있는 것으로 자선을 베풀어라. 그리하면 모든 것이 너희에게 깨끗해질 것이다. 너희 바리새파 사람들에게 화가 있다! 너희는 박하와 운향과 온갖 채소의 십일조는 바치면서, 정의와 하나님께 대한 사랑은 소홀히 한다! 그런 것들도 반드시 행해야 하지만, 이런 것들도 소홀히 하지 않았어야 하였다. 너희 바리새파 사람들에게 화가 있다! 너희는 회당에서 높은 자리에 앉기를 좋아하고, 장터에서 인사 받기를 좋아한다! 너희에게 화가 있다! 너희는 드러나지 않게 만든 무덤과 같아서, 사람들이 그 위를 밟고 다니면서도, 그것이 무덤인지를 알지 못한다!"(새번역)

예수가 바리새파 사람의 집에 들어갔을 때 손을 씻지 않았습니다. 이 전통은 당시 유대인에게는 상당히 중요한 문제였습니다. 이방인을 만났거나 부정한 것에 노출된 상태로 집에 들어가지 않고, 몸을 먼저 정결하게 하는 전통이 있었습니다. 그런데 예수가 손을 씻지 않고 그냥 집에 들어와 앉은 겁니다. 율법과 전통에 밝은 바리새파 사람들이 이를 이상하게 바라봅니다. 그때 예수가 "너희 잔과 접시의 겉은 깨끗하게 하지만, 너희 속에는 탐욕과 악독이 가득하다."고 말합니다. 예수는 겉과 속이 있다고 말합니다.

이어서 "겉을 만드신 분이 속도 만들지 아니하셨느냐? 그 속에 있는 것으로 자선을 베풀어라. 그리하면 모든 것이 너희에게 깨끗해질 것이다. 너희는 박하와 운향과 온갖 채소의 십일조는 바치면서, 정의와 하나님께 대한 사랑은 소홀히 한다!"고 꾸짖습니다. 박하와 운향과 채소는 성경에 기록되지 않은 십일조의 대상입니다. 이들은 아주 작고 사소한 것까지 정해서 십분의 일을 하나님께 드려야 한다고 생각해서 이렇게 행동한 겁니다. 예수가 이 사실을 알고는 그것보다 정의와 사랑을 추구해야 하며, 겉만 열심히 번지르르하게 하는 게 문제라고 지적합니다.

'회당의 높은 자리'와 '장터에서 인사받는 것'은 외부의 평가입니다. 그런 평판에만 관심을 보이면 평토장한 무덤처럼 된다고 말합니다. 속에서는 시체가 썩고 있지만, 사람들은 그 아래 뭐가 있는지도 모른 채 밟고 다닌다는 거지요. 껍데기로만 존경받고 박수 받으면서 아무 의미 없는 존재로 썩어 없어지는 신세라는 겁니다. 겉을 아무리 가꾸어도 속이 변하지 않는 것이 문제라는 겁니다.

나의 내면은 무엇을 먹고 자라는가

예수는 한 인간이 두 세계에 산다고 말합니다. 하나는 겉으로 드러나는 세계라서 타인이 관찰하고 평가할 수 있습니다. 다른 하나는 우리 속에 있어서 보이지 않습니다. 보이지 않는 세계 안에 갖은 동기와 추구하는 바가 있으며, 그것이 진짜 모습이라고 말합니다. 바리새파 사람 속에는 악독과 탐욕, 사람에게 인정받고 칭찬받으려는 마음이 가득하며, 그런 상태에서 겉만 깨끗이 한다고 폭로하십니다.

예수는 겉보다 내면이 더 중요하며, 그 안에서 흘러나오는 것으로 깨끗해진다고 말합니다. 그러면서 탐욕과 악독 대신에 '정의와 하나님에 대한 사랑'을 추구해야 한다고 강조합니다. 정의와 하나님에 대한 사랑을 정확하게 번역하면 '하나님의 정의와 하나님의 사랑'입니다. 분리된 듯 보이나 둘 다 하나님께 속한 속성입니다. 하나님의 정의와 사랑, 이 두 가지가 내면을 지배해야 하며, 사람에게 인정받는 것보다 하나님께 인정받는 것이 중요하다고 가르칩니다.

예수는 사람들 속에 있을 수 있는 것을 이야기합니다. 악독과 탐욕입니다. 단어가 너무 무시무시해서 우리와는 상관없어 보입니다. 탐욕은 잡아챈다는 뜻입니다. 제 것이 아닌 것을 빼앗고 싶은 마음입니다. 남의 것은 물론이고, 당장 가질 수 없는 것을 지금 가지려는 것도 탐욕입니다.

오늘날 사회는 탐욕을 부추깁니다. 다른 사람의 것을 온갖 수단을 동원해 빼앗는 경우도 비일비재하고, 타인과 나누어야 할 것을 독식함으로 세상 한쪽에 빈곤이 넘쳐나도 별 상관없는 일로 여깁니다. 당장 채울 수 없는 욕망을 빚을 내 만족시키기도 합니다.

신용카드가 대표적입니다. 내 돈으로 당장 살 수 없는 것을 살 수 있게 만듭니다. 3개월, 6개월, 길게는 12개월, 24개월까지 당겨서 산 다음에 돈을 갚아 나갑니다. 탐욕을 지연시키지 않고 당장 채우도록 부추기는 합법적 방식입니다. 그렇게 해서라도 손에 쥐고 싶어 하는 마음이 우리 속에 가득하다고 예수는 말씀합니다.

악독은 어떤가요? 이 말을 들으면 '어, 나는 악독하지 않은데.'라는 생각이 먼저 듭니다. 악독이라는 단어의 뜻은 계획적으로 행해지는 악의입니다. 마태복음 23장 25절에서는 이 단어를 방탕이라고 적었습니다. 방탕은 자기 자신에게 함몰되는 것입니다. 그러니까 악독은 자신에게 함몰되어 자기 이익을 위해 뭐든지 하는 것입니다.

오늘날 세상은 나를 위해 살라고 합니다. 나의 재미와 쾌락과 성공이 제일 중요하다고 공공연하게 강조합니다. 점점 이웃과 사회 공동체 전체를 생각하는 사람들이 줄어들고, 가족을 위해 희생하는 일조차 부질없어 보이고, 희생 없이는 불가능한 가정을 아예 갖지 않겠다는 젊은이도 늘어갑니다.

물론 너무나 오랫동안 개인들이 국가나 종교, 특정 이데올로기에 희생당해 왔습니다. '나'라는 존재가 중요해지고 재발견되는 것은 중요합니다. 하지만 '나만 중요해.'라는 생각을 부추기면 곤란해집니다. 나에게 함몰되어 이웃에게는 관심이 없고 자기 이익만 생각하고 살아가는 것이 악독입니다.

탐욕과 악독은 우리 속에서도 언제든 차오를 수 있습니다. 예수는 이것들 대신에 다른 것을 채우라고 합니다. 하나님의 정의와 사랑으로 살라고 말씀합니다. 약한 자의 눈물을 무시하지 않으시고 억울한 자의 외침에 귀 기울이시는 하나님의 정의의 관점을 가지라고 하십니다. 하나님께 받은 사랑, 하나님을 향한 사랑, 하나님께 받아서 흘려보내야 할 사랑을 늘 마음에 품고 살아가라고 하십니다. 하나님의 정의와 사랑으로 내면세계를 늘 돌봐야 한다는 겁니다. 그럴 때 비로소 사람보다 하나님에게 얼마나 어떻게 인정받을지에 관심을 두는 내면세계가 형성됩니다.

바리새파 사람들의 문제는 성경을 열심히 읽고 연구하면서, 보이는 외면만 아름답고 건강하게 만들고, 자기 자신도 속일 수 있는 내면의 탐욕과 악독은 그대로 둔 것입니다. 이런 사람을 '바리새파형' 인간이라고 부를 수 있습니다. 이들이 성경의 하나님을 많이 알아 갔다면, 응당 사람에게 인정받으려는 욕망을 태워버리고 하나님의 정의와 사랑이 자신을 지배하도록 만들었어야 했습니다. 하나님께 인정받는 삶을 살려고 하는 내면세계를 더욱 발전시켜야 했는데 그러지 않았습니다.

오늘날 성경을 많이 읽고 공부한 사람들이 변하지 않는 이유 역시 성경을 통해 성경 지식을 쌓기는 하지만 하나님을 제대로 알지 못하는 데 있습니다. 알아도 피상적으로 알아서 삶에서 눈에 보이는 것들만 닦고 매만지기 때문입니다. 성경의 내용으로 내면을 들여다보지 않기 때문입니다. 내면을 들여다보아도 깊이가 없어 자신의 진실한 모습을 보지 못합니다.

'바리새파형' 인간은 내면의 성찰이 필요합니다. 내 속에 뭐가 있는지 확인하면서, 세련되게 합리화된 악독과 방탕과 자기중심성을 하나님의 정의와 사랑으로 바꾸어 나가야 합니다. 저를 포함해서 성도라면 내면을 성찰하는 훈련을 끊임없이 해나가야 합니다.

세상의 진실과 자신만의 해석

그런데 진실한 내면 성찰이 쉽지가 않습니다. 우리는 나 자신과 다른 사람들과 주변에서 일어난 일들을 관찰하고 해석해서 받아들입니다. 내면을 성찰한다는 것은 내가 살아가고 있는 삶을 어떻게 해석하고 있는지를 끊임없이 살피는 것입니다. 적지 않은 사람들은 자신이 관찰하고 해석한 것이 곧 실재하는 세상이라고 단정 짓습니다. 이는 매우 위험한 자세입니다. 나의 관찰과 해석은 늘 부족해서, 실체에 이르지 못하는 경우가 허다합니다.

실체와 우리의 관찰과 해석이 멀리 떨어질수록 우리의 삶에는 문제가 생길 수밖에 없습니다. 이를 어떻게 설명할 수 있을까 고민하다가 한국 미술사에서 색면추상의 선구자라 불리는 유영국 화가의 그림("work", 1965년)이 떠올랐습니다. 이 그림에는 파란색과 노란색, 녹색으로 이루어진 한 물체가 있습니다. 작가가 표현하려 했던 주제는 따로 있겠지만 여기서는 조금 다르게 적용해볼까 합니다.

  우리가 자신의 삶을 성찰할 때는 세 영역 정도로 나눠서 할 수 있습니다. 내가 어떻게 할 수 없는 것, 내가 잘못한 것, 내가 부족한 것입니다. 우리 인생에는 나의 노력으로 어떻게 할 수 없는, 내 능력 밖의 영역이 있습니다. 그리고 내가 분명히 잘못한 부분도 있습니다. 또한 내가 더 잘 할 수 있지만 아직 부족한 부분도 있습니다. 내면의 세 영역이 나의 성찰을 구성하는 셈입니다. 그런데 문제는 이 영역들이 실체와 딱 맞지 않는다는 겁니다. 해석하면서 오차가 발생하는 거죠.

이 그림을 봅시다. 유영국 화가의 그림에 각 영역을 나누는 경계를 제가 실선으로 표시했습니다. 원래 그림이 우리 삶의 실체라면, 실선은 나의 해석입니다. 이 둘이 일치하면 실제로 존재하는 것과 나의 해석이 완전히 같다는 것을 뜻합니다. 하지만 이런 사람은 극히 드뭅니다.

보통은 위의 그림처럼 조금씩 어긋납니다. 세상의 실체와 자신의 인식에 차이가 있습니다. 원래 영역과 실선 영역이 정확하게 포개지지 않는 거죠. 자기가 나름 해석한 실선 영역이 원래 그림 영역에 가까울수록 성숙했다고 볼 수 있습니다. 실선(해석) 영역과 원래 그림(실제) 영역이 멀리 떨어질수록 자기만의 세계에 살 가능성이 높아집니다. 진짜에서 멀어집니다. 자기만의 세계에 빠져 사는 겁니다. 이토록 자기 성찰은 중요합니다.

이처럼 우리는 주변에서 벌어지는 사건이나 맺고 있는 관계를 해석합니다. 우리 내면에서 해석이 일어납니다. 동일한 사건을 보고도 사람들이 다르게 인식하고 해석하기 때문에 소통에 어려움이 생깁니다. 이것은 다른 사람과의 관계뿐 아니라, 스스로에게도 중대한 문제를 일으킵니다. 자신이 인식하고 있는 것이 실제와 떨어질수록 그렇습니다. 우리의 해석은 사실과는 어느 정도 거리가 있을 수밖에 없습니다. 인간은 불완전하기 때문입니다. 내면 성찰이란 벌어진 거리를 줄여가며 사실에 가까워지는 작업입니다.

이렇게 쉽지 않은 내면 성찰이 무엇으로 가능할까요? 그리스도인은 하나님의 말씀을 통해서 끊임없이 이 훈련을 합니다. 이 훈련을 게을리하면 실선(해석) 영역은 원래 그림(실제) 영역에서 점점 멀어지게 됩니다. 성경을 줄줄 외울지라도 자기 내면을 말씀에 비춰 보지 않으면 세상을 잘못 해석하고 거기에 고착될 수 있습니다. 그러면서 왜곡된 인격과 이상한 라이프 스타일이 나옵니다.

예수는 바리새파 사람들에게 성경을 외우고 익혀서 겉만 꾸미지 말고 내면을 비춰 보라고 말합니다. 여기서 내면을 성찰하라는 말은 더 착해지고 고상해지라는 것이 아니라, 우리가 사는 세상과 나 자신을 더 정확하게 보고 실체에 더 가까워지라는 요청입니다.

수용하고 회개하며 성장하라

내면을 성찰할 때 내가 어쩔 수 없는 부분이 나옵니다. 어떻게 해야 할까요? 수용할 줄 알아야 합니다. 내가 더 이상 변화시킬 수 없는 부분이라면서 수용해야 합니다. 내가 잘못한 부분도 나옵니다. 어떻게 해야 할까요? 하나님 앞에서 회개할 수 있습니다. "하나님, 제가 잘못된 결정을 하고 옳지 않은 행동을 했습니다. 돌이키겠습니다." 하고 회개해야 합니다. 나의 부족한 부분도 나옵니다. 내가 이 부분에서 더 성장할 수 있도록 하나님께 구할 수 있습니다.

수용과 회개와 성장, 이 셋은 내면 성찰을 하면서 일어나는 일들입니다. 좀 더 구체적으로 살펴봅시다. 간단하게 저를 예로 들어 보겠습니다. 제 인생에는 바꿀 수 없는 것들이 있습니다. 일례로 성격이 굉장히 급합니다. 어릴 때는 급해서 실수도 많이 했고 지금도 종종 합니다. 이 성격이 바뀌면 좋겠는데, 어쩔 수 없는 것입니다. 그렇게 태어났고 만들어졌습니다. 이런 부분은 수용해야 합니다. 수용한 후 단점으로 작용하지 않고 장점으로 쓰일 수 있도록 해야 합니다.

살면서 잘못된 선택도 했죠. 그로 인해 인생에 큰 어려움을 겪기도 했습니다. 어떻게 해야 할까요? 하나님 앞에서 그런 결정을 회개해야 합니다. 중요한 순간에 잘못된 선택을 했던 자기중심성을 인정하고, 그 영역에서 주님의 다스리심을 다시 인정해야 합니다. 이미 끝났고 바꿀 수 없는 일이기 때문에 수용합니다. 회개하고 하나님 앞에서 정리했는데도 제 마음을 힘들게 하는 어려움이 남아 있습니다. 하지만 하나님께서 잊기로 하신 일을 기억하며 묵상하며 살지 않기로 결단합니다.

또 제게는 부족한 부분도 있습니다. 다른 사람 말에 귀 기울이는 면이 조금 좋아지기는 했지만, 여전히 부족합니다. 저는 말하는 쪽보다 듣는 쪽이 훨씬 약합니다. 이런 부분을 어떻게 해야 할까요? 더 나은 경청자가 되려면 계속해서 듣는 훈련을 해서 성장해야 합니다. 내가 하고 싶은 말보다 상대방을 살피는 것이 사랑인 것을 알고 진정한 사랑 안에서 성장해 나가야 합니다.

그렇다면 어느 부분은 수용하고, 어느 부분은 회개하며, 어느 부분은 성장해야 하는데, 대체 어떤 관점으로 보아야 제대로 파악할 수 있을까요? 탐욕과 악독의 관점으로 보면 실제로부터 점점 더 멀리 벗어날 것입니다. 사람들에게 인정받으려는 마음이나 자기 자신이 중심이 되어 내면을 성찰하는 것은 성찰이 아닙니다. 자기를 합리화하는 힘만 강화됩니다.

이처럼 신앙생활을 잘못하면 진짜 위험해집니다. 신앙을 가졌기 때문에 오히려 자기 합리화와 맹신이 강한 분들을 만나는 경우가 많습니다. 바로 이런 경우입니다. 대신 하나님의 정의와 사랑이라는 하나님의 관점으로 나를 성찰하면, 무엇을 수용하고 무엇을 회개하고 무엇을 성장시켜야 하는지가 바르게 보이기 시작합니다.

관계를 예로 들어 볼까요? 너와 내가 다른 것은 차이이기 때문에 어떻게 할 수 없습니다. 이것은 수용해야 합니다. 하지만 내가 잘못된 말과 행동으로 상대에게 상처를 주었다면 회개해야 합니다. 여기서 회개란 하나님 앞에서는 물론이요, 그 사람에게 가서 미안하다고 말하는 것도 포함합니다. 회개에 걸맞은 열매를 맺는 것은 중요합니다. 그리고 내가 상대에게 신뢰를 아직 얻지 못했거나 양쪽 다 소통에 서툴다면, 그 부분에서는 성장해야 합니다.

안타깝게도 많은 사람들은 성찰하지 않고 밤낮 후회만 합니다. '왜 이럴까? 우리 관계는 왜 이럴까? 왜 매번 싸우고 돌아서서 후회할까?' 후회는 성찰이 아닙니다. 성찰은 하나님의 말씀에 비추어 나의 한계와 부족한 부분을 냉정하게 발견하는 것입니다.

어떤 사람은 성경을 읽고 연구하는 것을 무슨 규정집을 통달하는 것이라고 오해하기도 합니다. 하지만 종교적 껍데기를 두껍게 하는 것이 우리 삶의 목적은 아닙니다. 예수는 '바리새파형' 사람들에게 종교적 껍데기를 반질반질하게 닦아서 아름답게 꾸미려 애쓰지 말고 내면을 살피라고 말합니다. 이때 어떤 시각으로 내면을 살피는지가 관건인데, 하나님의 정의와 사랑으로, 하나님께 인정받으려는 마음으로 내면을 살피라고 권고하십니다. 그렇게 자기 내면을 성찰하는 훈련을 해야 합니다.

실제 나에게 가까워지는 길

내면 성찰을 계속하면 어떻게 될까요? 실제 내가 누군지에 가까워집니다. 실제 일어난 일에 점점 가까워집니다. 그것이 성숙입니다. 실제 나와 실제로 일어난 일에서 멀어질수록 불완전한 것이며 사실은 속임수입니다. 기독교는 그 속임수를 넘어서는 것입니다. 하나님께서 만드신 세상의 실제와 나의 실제에 점점 가까워지는 삶을 위해 성찰은 반드시 필요합니다.

그런 면에서 매일 성경을 읽고 묵상하면서 내면을 돌아보는 일은 무엇보다 중요합니다. 성경은 하나님의 정의와 사랑의 관점을 처음부터 끝까지 지속적으로 이야기합니다. 하나님께 인정받기를 원한다면, 이 두 가지 관점에서 자신의 내면을 늘 조명해야 합니다. 매일 아침 그 말씀에 비추어 우리 내면을 바라보고 하루를 시작하는 겁니다. 그래야 나와 세상의 진실에 한 발짝씩 가까워질 수 있습니다.

주일 설교도 마찬가지입니다. 목사의 생각에 동의할 만하다고 고개를 끄덕이며 만족하는 이도 있습니다. 그렇게만 설교를 '소비'하면 안 됩니다. 설교는 나에게 하시는 말씀이며, 성찰을 요구합니다. '아, 내가 세상을 잘못 보고 있었구나. 나에 대해 잘못 생각하고 있었구나. 관계에 대한 생각도 여러모로 부족했구나. 하나님은 그런 분이었구나.' 하며 성찰하는 시간입니다.

주일에 도덕 교과서 한 페이지를 들으러 모이는 게 아니라, 나의 내면을 돌아보려고 하나님 앞에 모여 앉는 겁니다. 예배 중, 필요하다면 기도로 하나님께 반응해도 좋겠습니다. 조용히 진실에 눈을 뜨는 시간입니다.

눈먼 지식

예수가 바리새파 사람들이 내면은 살피지 않고 겉만 번지르르하게 치장하고 있다고 신랄하게 비판하자, 그 자리에 있던 율법교사가 일어나 반발합니다. 바리새파 사람들과 율법교사는 공통점이 많았습니다. 그래서 매우 불쾌해진 모양입니다. 그의 말을 들어보고 이어가겠습니다. 누가복음 11장 45-54절입니다.

율법교사 가운데 어떤 사람이 예수께 말하였다. "선생님, 선생님이 이렇게 말씀하시면, 우리까지도 모욕하시는 것입니다."
예수께서 말씀하셨다. "그렇다. 너희 율법교사들에게도 화가 있다! 너희는 지기 어려운 짐을 사람들에게 지우면서, 너희 자신은 손가락 하나도 그 짐에 대려고 하지 않는다! 너희에게 화가 있다! 너희는 너희 조상들이 죽인 예언자들의 무덤을 세운다. 그렇게 함으로써 너희는 너희 조상들이 저지른 소행을 증언하며 찬동하는 것이다. 너희의 조상들은 예언자들을 죽였는데, 너희는 그들의 무덤을 세우기 때문이다. 그러므로 하나님의 지혜도 말하기를 '내가 예언자들과 사도들을 그들에게 보내겠는데, 그들은 그 가운데서 더러는 죽이고, 더러는 박해할 것이다' 하였다. 창세 이래로 흘린 모든 예언자들의 피의 대가를 이 세대에게 요구할 것이다. 아벨의 피에서 비롯하여 제단과 성소 사이에서 죽은 사가랴의 피에 이르기까지 말이다. 그렇다. 나는 너희에게 말한다. 이 세대가 그 책임을 져야 할 것이다. 너희 율법교사들에게 화가 있다! 너희는 지식의 열쇠를 가로채서, 너희 자신도 들어가지 않고, 또 들어가려고 하는 사람들도 막았다!"
예수께서 그 집에서 나오실 때에, 율법학자들과 바리새파 사람들은 잔뜩 앙심을 품고서, 여러 가지 물음으로 예수를 몰아붙이기 시작하였다.

> 그들은 예수의 입에서 나오는 말에서 트집을 잡으려고 노렸다. (새번역)

율법교사는 지식을 가진 사람입니다. 앞에서 이야기했듯이 마흔에 정식 교사가 될 때까지 끊임없이 공부한 사람입니다. 그런데 그 지식으로 "이렇게 사세요, 저렇게 사세요."라며 사람들에게 질 수 없는 짐을 지운다고 예수는 경고합니다. 심지어 율법교사 스스로는 그 짐에 손가락도 안 대면서 어려운 짐을 심오한 지식으로 포장해 떠넘깁니다. 이는 어쩌면 지식인의 특징일지도 모릅니다. 지식을 자랑하고 상대에게 짐을 지우지만 자신은 빠져나갑니다.

성경을 많이 아는 게 중요하지 않습니다. 성경에 해박해도 자신이 그대로 살지 않으면 오히려 지식의 열쇠를 쥐고 문을 잠그는 셈이라고 예수는 말씀합니다. 이들을 '율법교사형' 인간이라 부를 수 있습니다.

예수는 아벨과 사가랴의 피를 꺼냅니다. 듣는 사람들이 율법학자들이라 그들이 잘 아는 내용을 들어서 설명합니다. 구약성경에서 제일 먼저 죽임을 당한 사람이 아벨입니다. 형 가인이 그를 죽이죠. 그리고 구약성경에서 마지막으로 순교한 선지자가 사가랴입니다. '아벨의 피부터 사가랴의 피까지'라는 말은 하나님의 뜻대로 살려고 했으나 박해를 받고 죽었던 모든 사람을 가리킵니다. 그들이 흘린 피의 대가를 너희에게 요구할 것이라고 논박합니다. 예수의 대답을 들은 율법교사는 어땠을까요. 그들은 그 이야기가 무슨 뜻인 줄 알았습니다.

예수가 이 땅에 오기까지 수많은 사람이 피를 흘렸고, 그 결과로 메시아이신 예수께서 오셨는데, 율법학자들이 메시아 예수를 무시하고 부정한다면 예수만 거부하는 게 아니라는 뜻입니다. 예수 메시아가 오기까지 박해받고 피를 흘렸던 그 모두를 깡그리 무시하는 책임을 질 수 있겠냐고 예수는 묻는 것입니다.

이 부분은 오늘날 성경학자에게도 해당되는 무시무시한 말씀입니다. 성경을 읽고 연구하면서도 메시아이신 예수를 발견하지 못하면 예수 당시의 율법학자와 똑같아지는 겁니다.

성경으로 자신의 내면을 성찰하는 정도가 아니라, 성경의 중심에 있는 예수 메시아를 발견해야 합니다. 율법교사들은 그렇게 성경을 열심히 공부했지만 예수 메시아를 발견하지 못했습니다. 오히려 자신의 지식을 앞세워, 하나님 뜻대로 살면서 하나님 말씀을 전하는 이들을 무시하고 핍박했습니다.

삶은 끊임없이 재조정해야 한다

예수께서 언급하신 '지식의 열쇠'가 왜 중요한가요? 그 열쇠로 어디를 들어갈 수 있을까요? 하나님 나라입니다. 지식의 열쇠로 하나님 나라에 들어가 살아야 합니다. 그런데 율법교사들은 열쇠를 가지고 있으면서도 어떻게 쓰는지 몰랐고, 자신만이 아니라 다른 사람도 못 들어가게 막았습니다. 다시 말하지만, 열쇠의 핵심은 예수가 메시아라는 사실입니다. 그런데 그들은 예수를 눈앞에 두고도 누군지 몰랐습니다.

수많은 신학 서적들이 쏟아져 나오지만 그중에는 비록 학문적으로는 뛰어날지 모르나 예수 메시아가 빠진 책도 적지 않습니다. 예수 메시아를 놓친 채 이룬 학문적 업적이 무슨 소용이 있을까요? 신학이 아니라 일반 학문, 이를테면 종교학 분야의 성과라고 한다면 이해가 갑니다. 저는 예수께서 그들에게도 율법교사에게 한 말을 똑같이 하리라고 생각합니다.

우리는 지식의 열쇠를 가지고 하나님 나라에 들어가서 하나님 나라 백성으로 살아야 합니다. 하나님 백성으로 산다는 것은 예수 메시아를 인생의 중심에 놓고 삶을 재조정하는 것입니다. 다른 종류의 삶을 선택해 살기 시작하는 겁니다.

이것이 기독교이며, 그리스도인의 삶입니다. 성경을 열심히 읽고 외워서 성경 지식을 습득하는 것이 기독교가 아닙니다. 성경이 처음부터 끝까지 일관되게 이야기하는 예수 메시아, 수많은 순교자들이 고대하며 기꺼이 목숨을 내놓았던 이유였던 예수 메시아를 발견하고, 그분을 중심으로 인생을 재조정하는 것이 진정한 기독교입니다.

오늘날 많은 이들이 성경을 여러 규칙을 모아 놓은 책이라고 생각합니다. 그래서 자꾸 물어봅니다. "이거는 해도 괜찮나요? 저거는요? 동성애는 반대해야 하나요, 찬성해야 하나요? 미중일 사이에서 우리는 어떤 입장을 취해야 하나요?" 무엇을 해도 되고 안 되는지, 반대인지 찬성인지를 단순하게 정해달라고만 합니다. 성경은 그런 책이 아닙니다.

성경이 하는 이야기를 듣고 깊이 고민하면서, 이 시대 가운데서 어떻게 살아야 할지를 심각하게 모색해야 합니다. 예수 메시아를 중심으로 우리의 삶 전체를 어떻게 재해석하고 재구성할지를 결정해야 합니다. 그것이 그리스도인의 삶입니다.

율법교사로 대표되는 '율법교사형' 인간은 성경을 열심히 읽지만 예수를 발견하지 못합니다. 이들은 예수 메시아를 발견하고 그분을 중심으로 삶을 재조정하는 연습을 해야 합니다. 조금 더 구체적으로 들어가 볼까요? 이는 『풍성한 삶의 기초』(비아토르)라는 책에서 자세하게 설명한 내용입니다. 우리는 하나님과의 관계, 자신과의 관계, 공동체와의 관계, 세상과의 관계라는 네 영역에서 성장해야 합니다.

하나님과의 관계에서는 하나님을 알아 가고 사랑하는 것을, 자신과의 관계에서는 자기 부인과 성령 충만을, 공동체와의 관계에서는 형제 사랑과 섬김의 도를, 세상과의 관계에서는 복음 전도와 세상 경영을 익히고 훈련해야 합니다. 이 모든 영역에서 예수 그리스도, 즉 메시아이신 예수를 중심으로 삶이 재편되는 겁니다.

그리스도 없이 하나님과 관계를 맺었던 사람이 그리스도를 중심으로 하나님과 관계를 맺고, 세상 방식으로 나를 바라보던 사람이 그리스도 안에서 자신을 바라보고, 그리스도의 중재 없이 관계를 맺으며 공동체를 이루려던 사람이 그리스도 안에서 공동체를 이루고, 그리스도와 상관없이 세상살이를 하던 사람이 그리스도와 함께 세상살이를 합니다. 삶의 모든 영역이 재조정됩니다.

그리스도인의 삶은 평생 계속됩니다. 인생의 중심이 바뀌는 일에서부터 시작하여 일생동안 삶의 모든 부분이 재조정됩니다. 저 역시 많은 부분이 그리스도를 중심으로 재조정됐다고 생각했는데,

50을 넘어 60을 향해가면서 또 다른 이슈가 찾아왔습니다. '인생에 있어 성숙은 끝이 없구나.' 하는 생각이 듭니다. '평생 예수님을 중심으로 삶을 조정해 나가는 것이 그리스도인의 삶이구나.' 싶습니다.

성경을 열심히 공부해서 지식을 많이 보유하는 게 목표가 아니라, 지식의 열쇠로 하나님 나라에 들어가 사는 것이 중요합니다. 열쇠를 스무 개, 백 개 가지면 무슨 소용인가요? 자기도 못 들어가고 남까지 못 들어가게 막는 열쇠라면 애초부터 가질 필요가 없겠지요. 열쇠로 그 나라에 들어가 살면서 조금씩 성장해 나가는 것이 그리스도인의 삶입니다.

습관은 작은 일이 아니다

우리가 성경을 읽을 때마다 하나님은 말씀하십니다. 그 소리에 귀 기울이면서 내가 약하고 부족한 영역이 무엇인지를 먼저 인식해야 합니다. 그다음이 재조정하는 과정입니다. 재조정하려는 자세와 결단이 중요합니다. 자동차도 오래 타면 한쪽으로 쏠립니다. 조향 시스템을 점검하고 심할 때는 바퀴를 교체하고 그것도 안 되면 부품을 교환합니다.

인생 역시 한 번 재조정해도 자꾸 틀어지는 경향이 있습니다. 주일마다, 아침마다 기도하고 성경을 읽으면서 틀어진 삶을 재조정합니다. '아, 하나님 죄송해요. 다시 바로잡을게요. 제가 또 놓쳤네요. 또 사람들한테 인정받으려고 애쓰고 있네요. 그게 중요한 게 아닌데 무슨 일이든 하나님 앞에서 할게요.'라며 끊임없이 재조정하는 겁니다.

우리가 얼마나 이기적입니까. 얼마나 자기 욕심에 따라 움직이는지요. '하나님의 정의와 사랑의 입장에서 보니 순전히 나만 생각했네.'라면서 매일 조정하는 자세가 필요합니다. 이런 태도가 반복되면 라이프 스타일이 됩니다. 그럴 때 비로소 변화가 일어납니다. 재조정하려는 자세와 결단이 반복되면서 새로운 습관이 자리잡습니다.

우리 인생은 습관 덩어리입니다. 생각하고 말하고 행동하는 방식이 습관에서 비롯되는데, 옛 습관을 하나님이 원하는 습관으로 대체해야 합니다. 습관이 사소해 보이지만 그렇지 않습니다. 지금 이 글을 읽으면서 '맞아, 매 순간 삶을 재조정해야지.'라는 마음이 들어도 곧 사라질지 모릅니다.

습관을 변화시키기 위해서는 기도하면서 친구나 가족에게 무엇을 바꾸려 하는지 알리고 기도를 부탁하는 것도 좋은 방법입니다.

이를테면 '아침에 일어나서 텔레비전부터 켜지 않고 성경을 몇 줄이라고 먼저 읽겠어.'라거나 '일 시작하기 전에, 점심 먹고 와서 잠깐이라도 눈 감고 하나님이 오늘 내게 뭘 원하시는지 생각해보는 시간을 갖겠어.'라고 새로운 습관을 정하고, 가까운 이들에게 알리는 겁니다.

별것 아닌 것 같아도 이런 부탁을 하는 것이 마음속으로만 결정하는 것과는 큰 차이가 납니다. 작지만 중요한 계기가 필요합니다. 이렇게 해서라도 하나님과 함께해야 합니다. 이렇게 습관을 들여서 하나님을 알아 가며 함께하는 삶이 하나님 없이 사는 삶과 같을 수 있을까요. 변화를 경험하면 습관은 더욱 깊어집니다.

자신의 문제를 인식하고, 이를 재조정하겠다는 자세를 취하고 결단하면서, 습관으로까지 나아가야 진정한 변화가 일어납니다. 그렇지 않으면 설교 듣고 예배드릴 때는 고개를 끄덕이며 동의했다가 집에 가서는 잊어버립니다. 그러고는 다음 주일 교회 가서는 다시 맞다며 고개를 끄덕입니다. 동의하고 되돌아가고, 동의하고 되돌아가는 삶이 반복됩니다. 변화는 요원해집니다.

이런 면에서 공동체가 큰 힘이 됩니다. 삶의 취약한 부분을 재조정할 때 혼자 하려면 힘이 듭니다. 함께하면 큰 도움이 됩니다. 좀 급진적 사례지만, 우리 교회의 한 가정교회에서는 신용카드가 우리의 탐욕을 무절제하게 부추긴다고 판단해서 신용카드를 다 모아서 태운 적이 있습니다. 체크카드만 쓰기로 하고 신용카드 화형식을 한 거죠. 모든 사람이 꼭 그렇게 할 필요는 없겠지만, 여기서 중요한 것은 개인의 결단과 선택을 지지하며 보조를 맞출 사람들이 있다는 겁니다.

신용카드의 무절제한 사용 말고도 혼자 결단해서는 좀처럼 바뀌지 않는 습관이 있습니다. 그럴 때 안전하게 사실을 공유하고 함께할 수 있는 친구가 있다는 게 얼마나 다행인지 모릅니다. 함께 삶을 재조정해 나가는 거죠. 더 나은 삶, 더 멋지고 깊이 있는 삶을 같이 추구하며 만들어 가는 거죠. 그렇게 함께 변하는 겁니다.

더 나아지는 선택을 하라

바리새파 사람들과 율법교사들은 누구보다 더 열심히 성경을 연구하고 가르쳤습니다. 하지만 예수가 활동했던 당시에는 거의 아무도 변하지 않았습니다. 왜 그랬을까요? 바리새파 사람들은 성경으로 내면을 성찰하지 않고 껍데기에만 신경을 썼기 때문입니다. 율법학자들은 성경을 통해 예수 그리스도를 발견하고 그를 통해 삶을 재조정하지 않고, 지식의 열쇠를 자랑만 했습니다. 심지어 예수를 알아보지도 못했습니다.

  오늘날도 한국의 수많은 그리스도인이 성경을 읽고 묵상하고 공부하고, 주일 설교도 빠지지 않고, 성경 관련 세미나에 참석합니다. 그러나 안타깝게도 성경 말씀을 줄줄 외우고 성경 지식은 해박하나, 그 말씀으로 자기를 성찰하는 훈련을 하지 않고, 오히려 자신의 입장을 합리화하고 강화하는 데 쓰는 사람이 적지 않습니다. '바리새파형' 인간입니다. 그 지식으로 메시아이신 예수를 발견하고 하나님 나라에 들어가, 하나님 나라 백성으로 살아가는 법을 배워야 하는데, 그렇게 하지를 못합니다. '율법교사형' 인간입니다.

  성경을 통해 발견한 하나님에 대한 지식이 죽은 지식이 아니라 살아 있는 지식이 되려면 그 말씀으로 나의 내면을 성찰하며, 예수가 과연 누구이신지를 끊임없이 알아 가는 일이 필요합니다. 이와 함께 예수 그리스도 안에서 내 삶의 전체가 재조정되고 성숙해야 합니다. 하나님은 우리가 변화하길 원하십니다. 우리 각자의 속도에 맞춰 억지스럽지 않게, 우리 안에서 하나님의 형상이 완성될 때까지 하나님은 쉬지 않으십니다. 당신은 어떤 사람입니까? 어떤 사람이 되기 원하십니까?

성경을 열심히 읽고
공부한다고 변하지 않습니다.
성경을 읽는 것을 통해서 자신의 내면을 성찰하고
메시아이신 예수를 알아 가며
그분을 중심으로 삶 전반을 재조정해 나갈 때
변화가 일어납니다.

5

은혜를
입었지만

만남은
멈추지
않는다

"처음엔 하나님이 함께하시니 세상이 다르게 보였어요.
큰 위험에서 하나님의 도우심도 받았지요.
그런데 저는… 옛날과 달라진 게 없어요…."

　신앙생활을 하다 보면 이런저런 은혜를 경험합니다. 예배를 드리다가 하나님께서 나를 사랑하신다는 사실을 깨닫고 눈물을 흘리거나, 설교가 꼭 나를 향한 말씀 같아 전율하기도 합니다. 성경을 읽다가 내 상황과 꼭 맞는 성경구절을 만나면 하나님께서 내게 하시는 말씀이라고 느끼기도 합니다.

　새벽기도나 철야기도에 참여해 기도하고 나서 마음이 한결 편안해지고 깨끗해진 느낌으로 교회를 나오기도 합니다. 세상이 다르게 보이고 하나님이 함께하신다는 확신도 듭니다. 수련회 같은 집회에 며칠간 참여하면, 큰 은혜를 경험하며 어떤 특별한 결단을 하고 내려오기도 합니다. 어떤 사람은 병이 낫는 초자연적 경험도 합니다.

신앙생활과 관련한 은혜뿐 아니라 일상에서도 하나님의 은혜를 종종 느낍니다. 여러 어려운 문제에 봉착했는데 해결될 것 같지 않던 상황이 신기하게 풀려서 어려움이 사라져 크게 기뻐하기도 합니다. 큰 위험이 닥칠 수 있는 상황을 피하면 하나님의 도우심이라고 생각합니다. 살다보면 어느 순간에는 하나님이 주시는 은혜로 산다는 벅찬 감동이 밀려옵니다. 아름다운 자연을 바라보면서 하나님의 창조 솜씨에 감탄하기도 합니다.

그리스도인 중에는 이 같은 은혜 중에 적어도 한두 가지 이상은 경험한 분들이 많습니다. 그런데 이런저런 은혜를 경험해도, 심지어 기적 같은 초자연적 체험을 해도, 시간이 차츰 지나면서 변화는커녕 옛날과 별반 다르지 않은 자신에게 놀랍니다.

과거에 하나님을 깊이 경험했다는 사람도 현재는 하나님을 믿지 않는 사람과 비슷한 모습을 보여 주며 우리를 놀래킵니다. 은혜를 입었는데도 왜 사람은 변하지 않을까요? 은혜를 받을 때는 분명 뭔가 있었는데, 왜 오래 지속되지 않는 걸까요?

여기에 하나님의 놀라운 기적을 체험한 열 사람이 있습니다. 그들은 나병 환자였습니다. 예수께서 직접 병을 고쳐 주셨으니 그들이 받은 은혜가 얼마나 큰 것인지요? 자신들의 질환 때문에 격리

되어 살 수밖에 없었으니, 병이 낫고서 얼마나 기뻤을까요? 그동안 가고 싶은 데도 가지 못하고, 만나고 싶은 사람도 만나지 못했을 겁니다. 하지만 마침내 자유를 얻습니다. 이렇듯 이들 모두가 큰 은혜를 입었습니다. 그런데 이들 중에 단 한 명만이 예수에게 돌아왔고, 예수와 계속 관계를 맺으며 살아갑니다.

은혜를 입을 자격이 없는 사람들

누가복음 17장 11절에서 19절까지입니다.

예수께서 예루살렘으로 가시는 길에, 사마리아와 갈릴리 사이로 지나가시게 되었다. 예수께서 어떤 마을에 들어가시다가 나병 환자 열 사람을 만나셨다. 그들은 멀찍이 멈추어 서서, 소리를 높여 말하였다. "예수 선생님, 우리를 불쌍히 여겨 주십시오." 예수께서는 보시고 그들에게 말씀하셨다. "가서, 제사장들에게 너의 몸을 보여라." 그런데 그들이 가는 동안에 몸이 깨끗해졌다. 그런데 그들 가운데 한 사람은 자기의 병이 나은 것을 보고, 큰 소리로 하나님께 영광을 돌리면서 되돌아와서, 예수의 발 앞에 엎드려 감사를 드렸다. 그런데 그는 사마리아 사람이었다. 그래서 예수께서 말씀하셨다. "열 사람이 깨끗해지지 않있느냐? 그런데 아홉 사람은 어디에 있느냐? 하나님께 영광을 돌리러 되돌아온 사람은, 이 이방 사람 한 명밖에 없느냐?" 그런 다음에 그에게 말씀하셨다. "일어나서 가거라. 네 믿음이 너를 구원하였다."(새번역)

열 사람 모두 하나님의 은혜를 입었습니다. 이들이 어떻게 은혜를 입었는지를 잘 살펴보면, 열 명 모두에게서 훌륭한 면을 발견할 수 있습니다. 기독교 신앙의 중요한 한 측면이 나타나는 것도 사실입니다. 그러나 한 명만이 "네 믿음이 너를 구원하였다."라는 말을 예수께 듣습니다. 이 사람의 모습만이 믿음의 본이 될 만합니다. 돌아오지 않은 아홉 명과 돌아온 한 명이 어느 지점에서 갈라지는지 살펴봅시다.

먼저 열 명 모두 은혜를 입을 자격이 없는 사람이었습니다. 이들 모두 나병 환자였기 때문입니다. 이들의 병이 현대의 한센병인지는 정확하지 않습니다. 악성 피부병인 것만은 확실합니다. 치료 방법이 없었기 때문에 고대 사회는 나병 환자를 사회에서 격리시켰습니다. 이들은 정상인을 마주치면 멀리서부터 "나는 나병 환자입니다."라고 표시해야 했습니다. 그렇지 않으면 돌에 맞기 일쑤였습니다. 상대방이 피하도록 매사에 신경 쓰며 살았으니, 이들 마음속에 부정적 자아상이 자리를 잡았을 것이고, '왜 나만?'이라는 피해의식도 컸을 것입니다.

이들은 예수가 지나간다는 소식을 듣고 "멀찍이 멈추어 서서, 소리를 높여 말합니다." 가까이 갈 수 없어서 멀리서 크게 외칩니다. "예수 선생님, 우리를 불쌍히 여겨 주십시오." 예수를 선생님(master)라고 부른 걸로 봐서는 예수가 누군지에 대해서도 정확히 몰랐습니다.

이들의 이야기에 이어지는 누가복음 18장에는 눈먼 사람이 등장합니다. 그는 예수를 향해 "다윗의 자손 예수님, 나를 불쌍히 여겨 주십시오."라고 얘기합니다. '나사렛 예수'나 '예수 선생님'이라고 하지 않고 '다윗의 자손'이라고 부릅니다. 그에게는 예수가 메시아일지 모른다는 믿음이 있었습니다. 그 믿음으로 예수 앞에 나아갔습니다.

그에 비해 나병 환자 열 명은 예수를 메시아로까지 인식하지 못합니다. 어쩌면 병까지 나을 줄 기대도 안 했을 수 있습니다. 그냥 늘 해오던 대로 몇 푼 도와달라며 "불쌍히 여겨 주십시오."라고 외쳤을 것입니다. 이처럼 이들은 하나님의 은혜를 입을 자격이 전혀 없는, 예수에 대해 무지한 사람이었습니다. 그런 그들을 바라보며 예수가 멈추어 섭니다.

뜻밖의 은혜

예수는 이들에게 난데없이 "가서, 제사장들에게 너희 몸을 보여라."라고 합니다. 구약성경 레위기 14장을 보면, 악성 피부병에 걸렸다가 나으면 제사장에게 보여 주고 확인을 받은 다음에 정결 예식을 치르고 정상적인 삶으로 돌아가라고 적혀 있습니다.

누가복음 5장에서도 예수가 나병 환자의 병을 고친 다음에 "제사장들에게 네 몸을 보이라."고 합니다. 병이 나은 다음에 제사장에게 보이는 것이 정상입니다. 그런데 지금 만난 나병 환자 열 명은 병이 나은 상태가 아닙니다. 아직 악성 피부병이 몸에 그대로 있습니다. 예수는 그런데도 제사장한테 가서 몸을 보여 주라고 합니다.

나병 환자들은 반신반의했겠지요. 나병이 낫지도 않았는데 일단 가라니까 가봅니다. 속는 셈치고 길을 떠났을지 모릅니다. 정말 눈곱만한 믿음, 겨자씨만한 믿음입니다. 하지만 그 믿음으로 말미암아 제사장에게 가는 동안에 병이 기적처럼 낫습니다. 믿음으로 행동하고 그로 인해 은혜를 입었습니다.

믿음이 무엇인지를 보여 주는 대목입니다. 겨자씨만한 믿음으로 열 명이 모두 깨끗이 나았습니다. 모두 깜짝 놀랐겠지요. 한 사람만 변한 것이 아니라, 다 같이 변했으니 얼마나 흥분되었을까요? 서로를 바라보면서 "야, 네 피부가 깨끗해졌어!" "내가? 어, 너도 없어졌잖아?" 하면서 감격했을 겁니다.

모두가 감격했지만 아홉 명은 병만 나았습니다. 그리고 한 명만이 예수께 돌아왔습니다. 예수는 그에게 "네 믿음이 너를 구원하였다."고 선언합니다. 앞에서 여러 번 이야기했지만, 구원은 천국 가는 것만이 아닙니다. 구원은 한 사람이 변화되고 회복되는 과정입니다. 다시 말하면 하나님과의 관계가 열리기 시작하는 것입니다. 예수께서 돌아온 한 사람이 놀라운 과정에 들어섰다고 선언해주시는 것입니다.

한 명만이 돌아오다

아홉 사람과 한 사람의 분기점은 어디서 생겼을까요? 양쪽 다 은혜를 받을 만한 사람이 아니었고, 양쪽 다 병이 낫지도 않았는데 겨자씨만한 믿음으로 제사장에게로 떠났습니다. 그리고 양쪽 다 병이 낫는 기적을 체험합니다. 그런데 아홉 명은 예수의 놀라운 선언을 듣지 못합니다. 왜 그랬을까요?

성경은 "한 사람만이 하나님께 영광을 돌리며 되돌아왔다."라고 표현합니다. '되돌아왔다'라는 단어가 중요합니다. 이 단어는 예수가 "하나님께 영광을 돌리러 되돌아온 사람은, 이 이방 사람 한 명밖에 없느냐?"라고 할 때 다시 한 번 등장합니다. 상상해보세요. 병이 나았을 때 열 명은 어떻게 했을까요? "어, 우연히 병이 나았네." 이렇게 얘기했을까요? 아니었을 겁니다. 그들은 기적이 자신에게 일어난 것을 체험했고, '예수 선생님'의 말씀을 믿고 행하여 병이 나은 줄도 알았습니다.

고맙지 않았을까요? "하나님, 감사합니다. 이토록 몹쓸 병을 낫게 해주시다니요. 이제 깨끗해졌습니다. 새로운 삶이 열렸습니다. 하나님, 너무 감사해요. 아무 자격도 없는 저희를 깨끗하게 해주셔서 감사합니다." 이렇게 하나님께 영광을 돌렸을 겁니다. 그러나 아홉은 흩어져 각자 제 갈 길로 갔고 오직 한 사람만이 예수께 돌아왔습니다. 결국 아홉 명은 병만 나았고, 한 사람은 병도 낫고 구원까지 얻습니다.

그들은 어디로 갔을까요? 정말 제사장에게 갔을까요? 아니면 고향집으로 갔을까요? 어디로 갔는지는 성경에 나오지 않습니다. 중요하지 않기 때문입니다. 단 한 명만이 예수께 되돌아와서 발 앞에 엎드려 감사를 표합니다. 오늘날에도 수많은 사람이 하나님의 은혜를 입고 놀라운 기적을 체험했음에도 어떤 사람은 변하고 어떤 사람은 변하지 않습니다. 이들의 이야기는 그 비밀을 잘 설명해줍니다.

믿음으로 행동하다

하나님의 은혜를 입은 사람이 진정한 변화로까지 나아가려면 무엇이 필요할까요? 가장 먼저, 열 명의 나병 환자처럼 믿음으로 행동해야 합니다. 믿음은 행동으로 연결될 수밖에 없습니다. 만약 행동이 따르지 않는다면 믿지 못하고 있다는 반증이겠죠.

믿음은 작아도 괜찮습니다. 우리에게 필요한 믿음은 겨자씨만한 믿음입니다. 아주 작은 믿음이지만 그 안에 담긴 믿음의 내용은 심오합니다. 열 명의 나병 환자가 내딘은 발걸음은 작고 단순해 보이지만, 그 안에 담긴 하나님의 계획은 인류의 역사를 관통하고 있습니다.

앞 장에서도 강조했듯이 중요한 것은 '세게' 믿는 게 아니라 '무엇을 믿는가'입니다. 기독교는 내가 믿고 싶은 것을 믿는 것이 아닙니다. 우리가 믿는 것은 하나님이 과거에 하신 일과 지금 하고 계신 일, 그리고 앞으로 하시겠다는 일입니다.

하나님이 무슨 일을 하셨습니까? 하나님에 대해 무지했고 그 은혜를 받을 자격조차 없던 나병 환자들, 그와 조금도 다르지 않았던 우리를 위해 외아들 예수를 보내셨습니다. 예수는 오래전부터 약속되었던 메시아였습니다. 예수는 세상 사람을 심판하러 오셔서, 하나님을 무시하고 배반한 이들을 위해 대신 심판을 받고 그 대가를 치르기 위해 죽으셨습니다. 그들이 하나님 앞에 나아갈 수 있도록 새로운 길을 여셨습니다. 이것이 구원의 과거적 차원입니다. 하나님은 자격이 없는 우리를 완전히 받아 주셨고 새 생명을 주셨습니다.

그렇다면 지금 하나님은 뭘 하고 계실까요? 하나님은 손 놓고 계신 분이 아닙니다. 이 땅에서 하나님 나라를 이미 시작하셨고 하나님의 통치를 그분의 백성을 통해 이뤄 가고 계십니다. 하나님의 원래 계획에 비해 형편없이 망가진 세상 속에서, 무엇보다도 예수를 메시아로 받아들인 그분의 자녀들 속에서 하나님의 다스림을 드러내고 계십니다.

하나님 나라는 단지 죽으면 가는 천국이 아니라 이미 시작되어 이 땅에서 이루어지고 있습니다. 구원은 과거에 믿고 한 번 받은 것으로 끝나는 것이 아니라, 현재도 가열차게 이루어지고 있는 것입니다. 이것이 구원의 현재적 차원입니다.

앞으로는 어떨까요? 하나님은 이 세상을 심판하고 새로운 세상을 여실 겁니다. 이 세상이 꾸준히 변화되어 그 진보 끝에 하나님 나라가 완성되는 것이 아니라, 예수께서 약속하신 대로 마지막 날 다시 오셔서 완성된 그분의 나라를 도래시키실 것입니다. 우리의 삶은 마지막 날에 하나님 앞에서 심판받고 정결해져서, 하나님이 애초에 계획하셨던 완벽한 세상을 이 땅에서 맞이할 것입니다. 그제야 우리의 구원은 완전해집니다. 이것이 구원의 미래적 차원입니다. 성경은 우리가 믿어야 할 하나님의 일들로 가득합니다. 그것을 겨자씨만한 믿음으로나마 받아들이는 것이 첫 번째 필요한 일입니다.

믿을 때 찾아오는 은혜

이처럼 하나님이 하셨고, 하시고 있으며, 하실 일들을 믿을 때, 우리에게는 어떤 일이 벌어질까요? 하나님께서 우리 한 사람 한 사람을 지명하여 부르셔서 보배롭게 쓰신다는 사실을 진심으로 받아들일 때, 은혜가 우리 속에 들어오기 시작합니다. '하나님이 외아들을 이 땅에 보내어 대신 죽게 할 만큼 나를 사랑하시다니….' 자신의 죄를 깊이 자각할수록 십자가에서 드러난 은혜가 크게 다가옵니다. 자격 없는 자가 은혜를 받고 심지어 하나님을 아버지라고 부르는 일이 일어납니다.

존경해 마지않는 어떤 지혜롭고 멋진 어른이 있다고 해서 그를 '아버지'라고 부르지는 않습니다. 그런데 우주를 지으시고 인류를 만드시고 인간의 문화를 들여다보시며 이끌어 가시는 하나님을 아버지라고 부르다니! 이를 깨달으면 "당신이 저의 아버지가 되셨으니, 제게 무엇이 더 필요하겠습니까. 이것으로 족합니다."라고 고백하기 시작합니다. 은혜를 맛본 사람만이 할 수 있는, 새벽에 먼 동이 터오는 듯한 고백입니다. 구원의 과거적 측면에 맞닿은 은혜의 과거적 측면, 즉 이미 주어진 은혜입니다.

그리스도인이 지금 현재 받고 있는 은혜는 무엇일까요? 세상살이는 누구에게나 녹록지 않습니다. 하지만 그리스도인이 힘든 것은 단지 세상살이의 어려움 때문만은 아닙니다. 우리가 힘든 이유는 하나님 나라에 속한 사람이 이 땅에 살면서 겪는 어려움 때문입니다.

돈 많이 벌고, 좋은 대학 가고, 사업도 잘되면 좋겠는데 그렇지가 않아서 힘들어하는 세상 사람들의 고통과는 다른 고통입니다. 이 땅에서 하나님 나라를 살아내느라 세상과 부딪치면 피해나 핍박을 겪을 수밖에 없습니다. 그러나 그 가운데서 하나님과의 동행을 경험합니다. 이것이 은혜의 현재적 측면입니다.

남부럽지 않게 멋지게 살고 싶은데 하나님이 안 도와주신다고 생각하면 그분의 은혜를 경험하기 어려울 겁니다. 오히려 하나님 나라 백성으로 이 세상을 거스르며 살아갈 때 주님께서 성령을 보내셔서 도우시고 힘주십니다. 그때 하나님의 은혜를 맛보기 시작합니다.

삶의 현장에서 하나님 뜻대로 살려고 할 때 누가 알아 주던가요? 오해받고 무시당할 때도 많습니다. 그때 하나님의 도움을 요청해야 합니다. 하나님은 지금도 일하고 계시기 때문에 당신의 백성이 당신 뜻대로 살기 원할 때 외면하지 않으십니다. 고통과 어려움에 굴하지 않고 하나님 백성답게 살아가는 이들에게 하나님은 은혜를 내려주십니다.

현재뿐만이 아닙니다. 언젠가 나이 들어 죽을 것이 분명하지만, 죽음이 두렵지 않은 인생이 다가옵니다. 죽음은 살아 있는 어떤 사람도 경험하지 못한, 그러나 우리가 반드시 지나가야 할 관문입니다. 요즘은 죽음을 가벼이 여겨 죽음이 뭐 대수냐고도 하고, 죽음으로 삶의 어려움을 끝내버리는 사람들도 적지 않지만, 죽음 이후에는 하나님의 심판이 있다고 성경은 일관되게 주장합니다. 그러나 과거와 현재의 은혜를 입은 사람은 '죽음의 순간을 지나 하나님 품에 어떻게 안길까?'를 상상하며 죽음 이후를 소망하기 시작합니다. 그런 믿음을 지닐 때, 전혀 다른 종류의 은혜가 찾아옵니다. 이것이 은혜의 미래적 측면입니다.

은혜의 주인

하나님께서 하신 일, 지금 하고 계신 일, 앞으로 하실 일을 믿을 때 예전과는 다른 종류의 은혜가 찾아옵니다. 일상의 소소한 은혜들도 그냥 지나칠 수 없을 정도로 더 강렬해집니다. 그 작은 은혜들로 인해 삶이 더 풍성하게 피어납니다.

작은 은혜들이 무엇일까요? 자연을 바라보며 느끼는 은혜, 인간관계에서 발견하는 은혜, 먹고 마실 때 오는 은혜, 여행 다니면서 누리는 은혜, 예술을 감상하며 받는 은혜, 이 모두가 다 은혜입니다. 하나님은 모든 사람에게 이 은혜를 나누어 주십니다. 그래서 하나님을 믿지 않아도 삶에서 이런 즐거움을 누릴 수 있습니다. 하나님을 몰라도 말입니다.

그런데 그리스도인조차 모든 사람에게 차별 없이 주시는 은혜와 그 은혜를 값없이 주시는 하나님을 가벼이 여기는 경향이 있습니다. 그렇게 해서는 안 됩니다. 이러한 은혜들이 어디서 왔는지를 아는 사람이 그리스도인입니다. 난데없이 떨어진 것이 아닙니다. 우리는 앞서 이야기한 그리스도인만이 누릴 수 있는 은혜와 함께, 매일의 삶에서 만나는 잔잔한 은혜까지도 그 은혜의 주인을 알아볼 때, 더욱 깊이 감사할 수 있습니다.

얼마나 감사한지요! 일상의 삶을 살아가면서 '아, 이것도 은혜고 저것도 은혜구나!' 하며 은혜를 새롭게 발견하기 시작합니다.
'이렇게 아름다운 자연을 창조하시다니, 또 이렇게 누리게까지 하시니 하나님의 은혜가 참으로 크구나.' '멋진 예술품을 창작할 수 있도록 예술가에게 영감을 주시고, 그 작품을 감상하며 아름다움을 누리니, 이 역시 하나님의 은혜네.' '이렇게 좋은 사람을 만나 대화를 나누다니, 하나님께서 주신 은혜구나.' '몸에 힘이 없었는데, 맛있게 먹고 힘낼 수 있는 음식을 주시는구나.' '결과를 장담할 수는 없지만, 새로 도전할 기회를 주시는구나.'

우리 삶에는 은혜가 사방에 넘칩니다. 은혜에 둘러싸여 있습니다. 그리스도인은 그 은혜를 주신 분, 곧 그 은혜의 주인을 알고 제대로 누리는 사람들입니다.

영원한 제사장에게로

중요한 것은 은혜를 누릴 뿐 아니라, 은혜에 대한 적절한 반응으로 은혜의 주인에게 감사하며 영광을 돌리는 것입니다. 나병 환자 한 명만이 하나님께 영광을 돌리며 되돌아와서, 감사를 드렸습니다. 앞에서 '돌아온다'는 단어가 두 번 반복되었다고 했는데, 이 단어는 '회개'를 의미합니다. 하나님께로 돌이킨다는 뜻입니다. 내 마음을 하나님께로 크게 돌이키고, 또 매일매일 돌이키는 삶이 '크리스천 라이프'입니다.

나병 환자가 제사장에게 가지 않고 예수께 돌아왔는데, 흥미로운 문학 기법이 엿보입니다. 예수가 누구에게 가라고 했나요? 제사장에게 가서 몸을 보이라고 했습니다. 그런데 한 명만 제사장에게 가지 않고 예수께 돌아왔습니다.

예수가 누구인가요? 유일한 대제사장입니다. 인간의 죄를 사하고 구원을 선언할 수 있는 유일한 분입니다. 몸이 깨끗해졌으니 사는 동안 이스라엘 공동체에 속해도 된다고 인정해주는 인간 제사장이 아니라, 하나님 나라에 영원히 속해도 된다고 선언해주는 제사장에게 돌아온 것입니다.

그러니 그가 얼마나 기뻤을까요? 얼마나 큰 감사와 함께 돌아왔을까요? 교회에서 세례식을 하는 날이면 세례 받는 사람이나 지켜보는 사람이나 모두 기뻐하며 눈물을 흘립니다. 그들의 지나온 이야기를 함께 나누노라면 하나님 품에 돌아온 그날이 얼마나 감사한지 모릅니다. 어둠에서 빛으로 '돌아온' 그날은 하나님에 대한 감사와 영광이 당연히 넘쳐납니다.

모태 신앙으로 자라난 사람이라고 해도 자신의 죄를 대신해 죽으신 예수를 인격적으로 따르기로 결단한 날이나 기간이 있기 마련입니다. 이런 깨달음은 참된 구원에 이르는 깨달음이며, 우리에게 깊은 감사의 마음을 가져다줍니다.

일상다반사, 감사

감사는 정말 중요합니다. 하나님께로 인생을 돌이킨 다음에 드리는 감사도 중요하지만, 일상에서 매일 드리는 감사 역시 무척 중요합니다.

하나님에 대해 새롭게 알았을 때, 자신에 대해 좀 더 깊이 성찰하게 되었을 때, 자신의 부족함을 격려해주시는 주님을 경험할 때, 우리가 잘못된 길로 갈 때 바로잡아 주시는 손길을 경험할 때, 우리는 이런 은혜를 주시는 주님께 감사해야 합니다. 은혜를 당연히 여기면 하나님께서 하시는 일에 점점 둔감해지고, 결국에는 하나님과의 관계가 깊어지지 않습니다.

　일상에서 누리는 작은 은혜도 가벼이 넘기지 말아야 합니다. 매 순간 감사가 몸에 배면 좋습니다. 저 역시 "아, 참 좋다."라는 말을 자주 합니다. 그 말에는 "주님, 멋져요."라는 제 마음이 담겨 있습니다. 일상의 이면에 계신 하나님을 늘 기억하려고 애씁니다.
　함께 동역하는 교회 사역자들은 제가 음식을 얼마나 좋아하는지 잘 압니다. 음식만 나오면 '오, 내가 제일 좋아하는 거네'라고 말하니까요. 한 동역자는 "우리 목사님에게 음식은 두 가지다. 하나는 제일 좋아하는 것, 다른 하나는 정말 좋아하는 것!"이라고 하더군요. 맞습니다. 저는 특히 음식 앞에서 감사가 넘칩니다.

　물론 사람을 만나 대화를 나누면서 마음이 연결되고 통할 때도 참 감사합니다. 고통을 겪는 분과 손을 잡고 눈물을 같이 흘릴 때 감사하지 않을 수 있나요? 고통은 아프고 슬프지만 함께 손을 잡고 울 수 있다는 것, 그래서 한 인간으로서 또한 그리스도인으로 함께 있을 수 있다는 것은 고통 중에 발견하는 가슴 먹먹한 기쁨입니다. 이렇듯 감사할 일이 일상에 넘칩니다. 우리는 일상의 삶 속에서 은혜를 인지할 때마다, 감사하는 습관이 배야 합니다.

한번은 『절대 감사』라는 책을 쓰신 황성주 박사와 여행을 했는데, 그분은 자꾸 뭔가를 휴대폰에 기록했습니다. "뭘 쓰세요?"라고 물었더니 감사를 하루에 100개씩 쓴다고 했습니다. 저는 속으로 '너무 기계적 아닌가.'라는 생각이 들었습니다.

그런데 귀국하는 비행기를 타려고 공항에 도착했는데, 그의 비서가 비행기 표를 챙기지 않아 비행기를 못 탈 상황이 벌어졌습니다. 보통은 비서를 나무라는 게 정상인데, "비서가 표를 안 챙겼네. 참 이상하네, 왜 이렇게 됐지. 이것도 감사하네요."라고 하더군요.

제가 이상해서 "뭐가 감사하신데요?"라고 물었습니다. "아, 이걸 통해서 하나님께서 뭔가를 또 가르쳐 주실지 모르겠네요."라는 답이 돌아왔습니다. 하나님의 은혜에 늘 열려 있는 자세가 인상적이었습니다. 실제로 별 문제 없이 비행기를 타고 귀국했습니다.

감사는 관계를 전제로 한다

감사는 그리스도인의 라이프 스타일입니다. 성장하지 않는 그리스도인은 이 점에서 약점을 보입니다. 최근 자신의 신앙이 자라지 않는다는 한 형제를 만나 이야기하다가 물었습니다. "C야, 최근에 마음 깊숙이 하나님께 감사한 적 있니?" 깜짝 놀라더니 이렇게 대답했습니다. "전 별로 감사 안 해요." 그래서 제가 안타까운 마음에 몇 마디 했습니다. "하나님이 네게 주시는 엄청난 선물들이 있는데, 그걸 하나도 알아채지 못할 뿐더러, 심지어 감사한 마음이 들 때도 하나님께 감사하다는 표현도 안 하면 어떻게 해? C야, 신앙은 하나님과의 관계야. 하나님이 너한테 그렇게 은혜를 주시는데, 전혀 반응하지 않으면 그 관계는 발전할 수 없어. 그러니 어떻게 네 신앙이 변하고 자라겠니?"

기독교 신앙은 하나님과의 관계입니다. 그래서 하나님께 감사하다고 표현하는 것은 그리스도인의 당연한 라이프 스타일입니다. 감사는 성장하기 위한 수단도 아니고, 그래야 하나님이 우리를 축복하시는 것도 아닙니다. 관계를 맺고 사귐을 나눌 때 드러나는 특징입니다. 사람 사이에서도 서로에게 베푸는 선심과 선행에는 감사의 마음을 표현하는 것이 옳습니다.

꼭 말을 해야 아냐고 하지만, 감사의 마음을 전하지 않으면 받은 사람은 무뎌지고 준 사람도 더 열심히 선을 행하려 하지 않게 됩니다. 하나님은 우리 인간과 달라서, 우리가 감사를 제대로 표하지 않아도 은혜를 베푸십니다. 그러나 하나님께 감사의 마음을 전하지 않고 당연히 여기면, 영적으로 성장하지 못합니다. 점점 하나님의 은혜에 무감각해지고, 결국 마음속에서 기쁨이 사라집니다.

하나님은 우리에게 자신의 아들은 물론, 우리가 누리고 있는 모든 영역에서 은혜를 퍼부어 주시는데 우리가 아무런 반응도 하지 않는데, 하나님과 우리의 관계가 깊어지고 친밀해질 수 있을까요?

나병 환자 한 명 만이 하나님께 영광을 돌리면서 감사하며 돌아왔습니다. 아홉 명은 감사하는 마음은 있었겠지만 표현하지 않고 어디론가 가버렸습니다. "네 믿음이 너를 구원하였다."는 놀라운 선언도 놓치고, 이를 기점으로 시작되는 성장과 성숙의 여정도 놓쳐버렸습니다. 이 모습이 은혜를 경험했지만 변하지 않는 많은 그리스도인들의 모습은 아닐까요?

마지막 비상구

감사는 한 사람을 완전하게 회복시키기도 합니다. 2007년에 저는 교회에 여러 문제가 있어서 상당히 어려웠습니다. 교회가 어느 정도 성장은 했지만, 교회 사역자나 가정교회 목자들이 너무나 지쳐 있었습니다. 목자들이 제자훈련도 제대로 안 된 상태에서 쥐어짜듯이 가정교회를 맡아서 이끌다 보니 너무 힘들어 했습니다. 그런 목자들을 본 교회 식구들은 당연히 '나는 절대로 목자를 안 해야지.'라고 다짐했고, 저는 이를 바라만 봐야 했습니다. 건강한 교회를 세우고 성도가 중심이 되는 교회로 가려 했는데, 실패할지 모른다는 두려움이 저를 덮쳤습니다.

안식년을 맞아 쉬면서 어려운 상황을 놓고 기도를 하는데도, 제 속에 하나님을 사랑하는 마음이 없다는 것을 발견하자 더 힘들었습니다. 그때 정말 많이 불렀던 찬양이 "보소서, 주님. 나의 마음을. 선한 것 하나 없습니다."였습니다. 그런 영적 상태로 교회를 어떻게 섬길 수 있겠습니까? 그때 무척 힘들었습니다. 여러 문제가 겹치면서 거의 한 달간 잠을 제대로 못 잤습니다. 수면제를 먹어야 겨우 잠들 만큼 힘들었습니다.

어느 날 멋진 풍경이 내려다보이는 곳에 차를 주차하고 앉아서 기도하는데, 내 속에는 선한 것이 없다는 것만 계속 확인됐습니다. 답답한 마음에 차를 몰고 나와 고속도로를 타고 무조건 달렸습니다. 그러면서 마음속에 '그래도 감사할 게 있지 않겠나. 기계적으로라도 감사하자.'라는 생각이 들었습니다.

내 삶의 한 영역을 정했습니다. '제일 힘든 영역에서 감사할 일들을 억지라도 찾아보자.' 차를 몰면서 감사 기도를 드리는데, 처음에는 기계적으로 감사할 제목을 찾아 감사드렸는데, 어느새 저도 모르게 눈물이 흘렀습니다. 제일 풀리지 않고 가장 문제가 많았던 영역을 놓고 기도하는데, '아, 그 속에도 하나님이 계셨구나!' 하는 생각이 들어서 차를 몰면서 많이 울었습니다. 그날 제 인생의 길었던 영적 광야의 시간이 끝나고 새로운 지평이 열리는 순간을 맞았습니다. 감사하면서 회복된 그때가 지금도 생생합니다.

예배로 이어지는 감사

하나님이 하고 계시는 일을 알아채고, 알아챈 것을 하나님께 감사로 표현하는 것이 우리가 지속적으로 변화할 수 있는 가장 좋은 방법 중 하나입니다. 그렇습니다. 감사는 하나님이 일하고 계심을 인식하고 인정하고 고백하는 것입니다. 그렇지만 이렇게 감사하는 마음을 일상 속에서 표현하는 것도 중요하지만, 그것만으로는 충분하지 않습니다.

돌아온 한 나병 환자의 위대함은 "예수의 발 앞에 엎드려 감사를 드렸다."라는 표현에 들어 있습니다. 이 구절을 직역하면 "예수의 발 옆에 얼굴을 대고 엎드렸다."입니다. 우리말 성경은 그냥 "발 앞에 엎드렸다."라고 옮겼지만 원문은 얼굴과 예수의 발 옆을 강조합니다.

그는 발 위도 아니고 발 옆에 얼굴을 대고 엎드렸습니다. 자기를 깨끗케 하신 분께 돌아와서 얼굴을 보고 싶지만, 감히 그럴 수는 없어서 땅에 얼굴을 대고 엎드립니다. 심지어 예수의 발 위에 얼굴을 댈 수 없어서 발 옆에 대고 엎드립니다. 이것이 예배입니다.

예배가 무엇일까요? 하나님의 얼굴을 마주할 자격이 우리에게 있을까요? 돌아온 나병 환자는 예수의 사랑과 자비 앞에서 자신도 모르게 예배의 본질을 보여 줍니다. 모여 앉아 찬양 몇 곡 하고 설교를 듣는 것이 예배가 아닙니다. 참된 예배는 감히 얼굴을 바라볼 수도 없는 그분, 발조차 만지기 어려운 그분께 나아가 얼굴을 땅에 대고 엎드리는 것입니다.

이러한 예배를 잃어버린 것이 오늘날 그리스도인의 가장 심각한 문제입니다. 예배하는 대상에 대한 경외함이 없이 형식적으로 노래하고 기도하고 설교를 듣습니다. 예배와 너무 멀어진 모습입니다. 감히 하나님 앞에 설 수 없는 자들이 예수 그리스도의 보혈을 의지하여 그분 앞에 나아가 그분 발 앞에 엎드리는 것이 예배입니다. 이때 하나님께서는 당신 앞에 엎드린 우리를 일으켜 세웁니다.

예수도 자기 앞에 엎드린 나병 환자의 양 어깨를 붙들어 세워서 얼굴을 바라보며 말씀하셨을 겁니다. "네 믿음이 너를 구원하였다."라고. 아이러니하게도 하나님 앞에 나설 자격이 없다는 것을 알고 그 앞에 엎드리는 자만이 하나님의 얼굴을 뵐 수 있습니다. 이것이 예배의 비밀입니다.

예배는 생존이다

교회에서 월례기도회를 마치고 나오는 한 목자를 우연히 만난 적이 있습니다. 당시 큰 어려움을 겪고 있었는데, 눈이 퉁퉁 부어 있었습니다. 그래서 제가 "D야, 괜찮아?"라고 물었습니다. 그의 대답은 이랬습니다. "목사님, 제가 나들목교회에 왔을 때 많이 울었어요. 몇 주 동안 예배만 오면 울었죠. 십 년도 더 지난 일인데, 오늘은 그때처럼 예배드리며 울었어요." 하나님께서 그를 만져 주신 겁니다. 예배는 하나님께서 우리를 만져 주시는 것입니다.

그리스도인이 살고 기독교 공동체가 살아 있으려면 예배가 살아 있어야 합니다. 예배 때마다 하나님을 갈망하고 찾고 만나는 일이 일어나야 합니다. 드라마와 SNS는 빼놓지 않으면서 하나님을 만나는 시간을 확보하지 못한다는 것은 안타까운 일입니다. 하나님 앞에 엎드려 하나님을 만나지도 않으면서 변화를 바란다는 것은 어불성설입니다. 은혜를 받은 사람이라면, 은혜를 누리는 것에 머물지 말고, 그분의 발 앞에 엎드리는 시간이 반드시 필요하다는 것을 깨달아야 합니다.

다시 말하지만 예배는 하나님을 기쁘게 해드리기 위해서가 아니라, 내가 살기 위해서 필요합니다. 하나님이 없는 것 같아 보이는 세상에서, 하나님 뜻대로 살아가면 너무나 거스르는 게 많은 이 세상에서, 하나님의 백성으로 살아남으려면 그분과 동행해야 합니다. 그분의 도우시는 은혜를 인식하고 누려야 합니다. 하나님이 우리의 예배에 '고프신' 분이 아니라, 세상 속에서 살아가는 우리가 예배에 고플 수밖에 없습니다. 그래서 우리는 예배를 드립니다.

성장하는 그리스도인은 매일 순간순간 멈추어서 개인적으로 예배를 드립니다. 하나님의 은혜를 자각할 때마다 하나님을 마음속으로 우러릅니다. 길지 않더라도 정해진 시각에 하나님을 찬양하고 감사하는 시간을 하루에도 몇 번씩 갖습니다. 개인 예배가 몸에 배지 않은 사람일수록 공동체로 드리는 예배를 잘 활용해야 합니다. 힘들면 새벽예배에도 나가고 수요예배에도 참석할 수 있습니다. 기도회에 나가 기도를 배우고, 예배 가운데 침잠하는 법을 배우는 것도 좋습니다. 그 안에서 주님을 만나는 즐거움을 누려야, 일상 속에서 그리스도인으로서 살아남을 수 있습니다.

기다리는 예수

예수는 돌아온 한 명을 칭찬만 한 것이 아니라 나머지 아홉 사람을 찾습니다. "열 사람이 깨끗해지지 않았느냐? 그런데 아홉 사람은 어디에 있느냐?" 이 말씀을 어떻게 받아들이셨나요? "은혜도 모르는 아홉 놈, 그놈들은 다 어디 있느냐?"라는 어투였을까요, 아니면 "아홉 사람은 왜 안 온 거지? 무슨 일 있는 거 아냐?"라는 어투였을까요? 저는 후자로 들립니다. 하나님 마음은 늘 그렇습니다. 돌아온 한 사람만이 아니라 마땅히 와야 할 아홉 사람을 기다립니다.

그리스도인은 돌아오지 않은 아홉 사람으로 살지 않아야 합니다. 주님을 기다리게 하는 어리석음을 피해야 합니다. 하나님의 은혜를 받을 때마다 그분께 나아가야 합니다. 일상에서 감사를 놓치지 않고 예배를 드리는 것은 물론이고, 하나님을 깊이 갈망하고 찾는 법을 배워야 합니다. 그분께 가지 않으면 변하지 않습니다.

기독교의 성숙은 내공을 쌓는 것이 아니라, 그분과의 우정이 깊어지는 것이기 때문에 그분을 깊이, 자주, 오래 만날수록 그리스도인은 변화합니다. 은혜를 받았음에도 감사의 마음을 표하지 않고 하나님을 저 멀리 두고 계신다면, 다음 장으로 넘어가지 마십시오.

책을 덮으시고 하나님 앞에 엎드리시기 바랍니다. 감사하지 않고 그래서 변하지 않는 우리를 향해 주님은 안타까워하십니다. 하지만 여전히 우리를 기다리십니다. "왜 나에게 오지 않니?"라고 물으십니다.

은혜를 입는다고 변하는 것이 아닙니다.
받은 은혜를 누리고 그 은혜를 주신 분께 돌아와
감사의 예배를 드릴 때,
우리는 하나님과의 관계가 깊어지는 것을 경험하고,
더욱더 하나님의 은혜를 알아채고 누리며
감사하는 삶을 살게 됩니다.

6

교회를
오래
다녔지만

만남은
멈추지
않는다

"십자가를 물고 태어났는데
나는 왜 변하지 않을까?
왜 나에게는 생명력이 없을까?"

　어릴 때부터 교회를 다녔는데도 별반 다른 거 없이 그냥저냥 산다는 분들이 있습니다. '십자가를 물고 태어났는데 나는 왜 변하지 않지.' 하며 고민하는 분도 참 많습니다. 어지간한 설교는 제목만 들어도 대충 무슨 내용인지 안다면서 "내가 해도 하겠다."고 합니다. 교회 행사나 봉사에도 이력이 나서 교회가 어떻게 돌아가는지 훤합니다. 지킬 건 지키면서 꽤 착하게 살아서 인생에 큰 흠도 없습니다. 이렇게 다 괜찮은 것 같은데 생명력은 없습니다. 뜨겁지도 차갑지도 않은 채 사는 모습이 마음에 안 든다는 생각은 듭니다.

　부모가 되면 고민이 더 깊어집니다. 아이는 그야말로 모태신앙인으로 태어납니다. 어릴 때부터 교회를 다니지만 자라면서 하나님을 만나고 잘 따라갈지는 의문입니다. 주일학교 다닌다고 그리스도인이 된다고 누가 장담할 수 있을까요. 기독교 집안에서 태어났다고 자동으로 그리스도인이 되지 않는 것은 자명합니다. 기독교 가정에서 나고 자랐지만 교회를 떠나는 사람이 적지 않습니다. 철이 들면서 빠르면 중학교를 졸업한 다음에, 대개는 대학교 들어가면서 신앙을 버립니다. "어릴 때부터 교회 나갔는데 왜 안 변하지."라는 질문은 그래서 더욱 큰 고민으로 다가옵니다.

의인의 근심

예수를 찾아갔다가 그냥 돌아섰던 사람이 있습니다. 교회는 다니지만 큰 변화가 없다는 분들은 이 사람을 만나야 합니다. 아주 유명한 구절입니다. 누가복음 18장 18절부터 27절까지입니다.

> 어떤 지도자가 예수께 물었다. "선하신 선생님, 내가 무엇을 해야 영생을 얻겠습니까?" 예수께서 그에게 말씀하셨다. "어찌하여 너는 나를 선하다고 하느냐? 하나님 한 분밖에는 선한 분이 없다. 너는 계명을 알고 있을 것이다. '간음하지 말아라, 살인하지 말아라, 도둑질하지 말아라,

거짓으로 증언하지 말아라, 네 부모를 공경하여라' 하지 않았느냐?" 그가 말하였다. "나는 이런 모든 것은 어려서부터 다 지켰습니다." 예수께서 이 말을 들으시고 그에게 말씀하셨다. "네게는 아직도 한 가지 부족한 것이 있다. 네가 가진 것을 다 팔아서, 가난한 사람들에게 나누어 주어라. 그리하면 네가 하늘에서 보화를 차지하게 될 것이다. 그리고 와서 나를 따라라." 이 말씀을 듣고서, 그는 몹시 근심하였다. 그가 큰 부자이기 때문이었다. 예수께서는 그가 [근심에 사로잡힌 것을] 보시고 말씀하셨다. "재물을 가진 사람이 하나님 나라에 들어가기는 참으로 어렵다. 부자가 하나님의 나라에 들어가는 것보다 낙타가 바늘귀로 들어가는 것이 더 쉽다." 이 말씀을 들은 사람들이 말하였다. "그렇다면, 누가 구원을 얻을 수 있겠습니까?" 예수께서 말씀하셨다. "사람은 할 수 없는 일이라도, 하나님은 하실 수 있다."(새번역)

이 사람은 스스로 말하기를 "어려서부터 이 계명들을 다 지켰다."고 합니다. 그가 다 지켰다고 한 것이 무엇인가요? 십계명입니다. 그중에서 예수가 특별히 언급한 계명은 다섯 번째, 여섯 번째, 일곱 번째, 여덟 번째, 아홉 번째 계명입니다. 그는 어려서부터 이 다섯 계명을 다 지켰다고 말합니다. 오늘날에도 어려서부터 교회를 다닌 분들은 대개 착합니다. 부모를 공경하고, 살인하지 않고, 간음하지 않고, 도둑질하지 않고, 이웃에게 거짓 증언하지 않고 삽니다. 그래서 이들은 자신의 삶이 선하다고 생각하는 경향이 있습니다. 실제로 세상 사람들과 비교하면 일반적으로 선하다고 할 수 있습니다.

그런데 흥미롭습니다. 예수를 찾아온 이 사람이 예수를 '선하신 선생님'이라고 호칭하자, 예수는 "어째서 나를 선하다고 하느냐."며 꾸짖습니다. 그러면서 "하나님 한 분밖에는 선한 분이 없다."고 못을 박습니다. 예수가 선한 분임에 틀림이 없는데, 왜 이렇게 까칠하게 나오시는 걸까요? 행간을 잘 읽어야 합니다. 예수가 하고 싶으신 말은 "너는 선하지 않다."는 것입니다. 어려서부터 계명을 다 지키며 살아서 스스로 선하다고 생각하는 사람에게 처음부터 선을 분명하게 긋습니다.

스스로 선하다는 자의식을 가지고, 예수를 '선하신 선생님'이라고 부르며, "우리 신앙에 대해 한 번 이야기해볼까요?"라며 접근하는 부자 지도자에게 단호하게 말합니다. "너는 물론이고 나조차 선하지 않고, 선한 분은 오직 하나님 한 분뿐이다." 이 말을 들었을 때 부자 지도자의 가슴이 얼마나 뜨끔했을까요. '어떻게 내 속마음을 알았지?' 하며 얼굴이 화끈거렸을지 모릅니다.

하지만 그는 쉽게 포기하지 않습니다. 예수가 제시하는 계명을 어려서부터 다 지켰다고 말합니다. 그랬더니 예수가 말합니다. "아직 한 가지 부족한 것이 있다. 네가 가진 것을 다 팔아서, 가난한 사람들에게 나누어 주어라. 그리하면 네가 하늘에서 보화를 차지하게 될 것이다. 그리고 와서 나를 따라라." 참으로 황당한 말입니다. 이 세상에 사는 동안은 아무것도 보장해줄 수 없고, 단지 하늘에서 보화를 차지하게 될 것이라고 말합니다. 이 말에 부자 지도자는 근심에 싸입니다.

부자는 못 들어간다?!

한 걸음 더 나아가 예수는 결정타를 날립니다. 예수는 그에게 "재물을 가진 사람이 하나님 나라에 들어가기는 참으로 어렵다. 부자가 하나님의 나라에 들어가는 것보다 낙타가 바늘귀로 들어가는 것이 더 쉽다"고 말합니다. 바늘귀가 진짜 바늘귀라는 해석도 있고, 성문 옆 쪽문이라는 해석도 있습니다. 둘 다 낙타가 통과하기는 어렵습니다.

이제는 부자 지도자뿐 아니라, 주변에서 대화를 듣고 있던 사람들까지도 질문이 생깁니다. "그럼, 누가 구원을 얻을 수 있습니까?" 예수는 "사람은 할 수 없어도 하나님은 할 수 있다."고 대답합니다. 이 본문에 대한 다양한 해석이 있지만 모두가 한 가지에는 동의합니다. 재물을 많이 가지고 부자로 사는 것이 구원에는 도움이 되지 않을 뿐 아니라 도리어 위험 요소라는 겁니다. 성경은 시종일관 하나님과 맘몬을 대조시킵니다.

많은 한국 그리스도인은 이 성경 본문이 자신과 무관하다고 생각합니다. 자신은 부자가 아니라고 생각하기 때문입니다. 나보다 부자인 사람은 언제나 있기 때문에, 자신을 부자라고 생각하는 사람은 많지 않습니다. 하지만 전 세계를 놓고 보면 적지 않은 사람이 상위 10%에 든다는 사실은 잘 모릅니다. 통계에 따르면 지구의 전체 인구 중에서 1%가 10억 원 이상의 부를 소유하고 있고, 1억 원에서 10억 원을 소유한 사람도 상위 7%에 들어갑니다. 그러나 소득이 높아지면 부자의 기준도 높아지기 때문에 상위 7-8%에 들어도 자신을 부자라고 생각하지 않습니다.

한 일간지 조사에 따르면, 월 소득이 1000만 원 이상인 사람은 부자의 기준으로 '30억 원 이상'(22.2%)과 '50억 원 이상'(22.3%)이라고 응답한 사람이 다수를 차지했습니다. '10억 원 이상'을 부자의 기준이라고 답한 응답자는 겨우 17%에 그쳤습니다. 반면 월 소득 100만원 미만인 사람은 51.4%가 자산이 '10억 원 이상'이면 부자라고 봤습니다. 전 세계의 먼 이웃을 다 생각하면 부자지만, 이웃

중에 나보다 더 부자가 있으니, 자신은 부자가 아니라고 생각하는 사람이 대다수입니다. 부는 가져도 가져도 만족을 주지 못합니다. 이 성경 본문은 분명 대다수 한국인에게 적용되는 말씀입니다.

그렇다면 "그리스도인이 되면 가진 것을 다 팔아야만 예수를 따를 수 있다는 것이냐?"며 너무 극단적 표현이라고 반문하기도 합니다. 재물에 부정적 태도를 취하는 것까지는 이해가 되지만, 재물을 다 나눠야 하는 것이 하나님 나라에 들어가는 조건이라는 것에는 의문이 든다며, 왜 유독 그것만 강조하셨는지 모르겠다며 볼멘소리를 합니다. 그래서 많은 성경 독자들과 해석자들도 예수가 맘몬의 위험성을 강조하기 위해 다소 과장된 표현을 하셨다고 생각합니다.

성경에서 전후 문맥을 제거하고 이 구절만 빼내서 "부자는 천국에 못 들어간다."는 식으로 주장하면 위험해질 수 있습니다. 예수는 일반적 내용을 가르치고 계신 것이 아니라, 계명을 다 지켜서 스스로 선하다고 생각하는 부자 지도자에게 이 말씀을 하고 계시는 것입니다.

예수는 자신조차 선하지 않다고 말씀하시면서 부자 지도자를 만나고 계시며, 시종일관 부자의 내면을 깊숙이 들여다보고 있습니다. 어릴 때부터 신앙생활을 하며 윤리적으로 한 점 흠 없이 살려고 노력했지만, 그럼에도 불구하고 스며든 문제가 무엇인지 들여다보고 있습니다. 그의 진짜 문제가 무엇인지를 알려 주고 싶어 합니다.

숨은 우상

예수가 주목했던 이 지점을 어떻게 설명할 수 있을까 고민하다가 한 영화가 떠올랐습니다. 영화를 보고 저도 약간 충격을 받았는데, 실화를 모티브로 한 스파이 영화 "얼라이드"(Allied)입니다. 프랑스 비밀요원 마리안(마리옹 꼬띠아르)과 영국 정보국 장교 맥스(브래드 피트)는 위장결혼까지 감행하며 독일의 요원을 암살합니다. 임무를 마친 둘은 실제로 사랑에 빠져 함께 런던으로 돌아옵니다. 결혼도 하고 딸도 낳아 기르며 행복한 나날을 보내죠.

그런데 맥스가 상부로부터 충격적인 소식을 듣습니다. 마리안이 독일 스파이라는 정황이 포착되었다는 겁니다. 맥스는 마리안이 스파이가 아니라는 사실을 증명하기 위해 위험을 무릅쓰고 전쟁 중인 독일 지역까지 들어가 정보를 수집합니다. 하지만 프랑스 비밀요원인 줄 알았던 마리안이 점점 이중 첩자였음이 분명해집니다. 마리안은 끝까지 사실을 숨기고 가정과 자신의 사랑을 지키려 하지만 성공하지 못합니다. 영화는 비극으로 막을 내립니다.

마리안은 이중생활을 했습니다. 맥스를 정말 사랑했지만 독일에 충성하는 스파이였죠. 그에게 명령을 내리는 상부가 따로 있었습니다. 영화는 마리안을 둘 사이에 끼인 서글픈 존재로 그립니다. 시대의 비극이 그의 사랑을 가만두지 않은 거죠. 이 영화를 보면서 오늘날 그리스도인이 떠올랐습니다. 둘 사이에 끼어 있는 사람들…. 하나님을 정말 사랑하지만, 충성할 수밖에 없는 다른 주인이 있는 거죠. 예배도 드리고 성경 공부도 하고, 교회 활동도 합니다. 그런데 결정적인 순간에, 또는 일상에서 자신을 지배하는 것은 하나님이 아닌 다른 무엇입니다. 붙들려 끌려다니는 게 있습니다.

이것이 예수를 찾아온 부자의 진짜 문제였습니다. 어릴 때부터 하나님을 믿고 따랐으며, 한편으로는 큰 부자가 되었습니다. 자신도 모르는 사이에 부자로 사는 것에 익숙해졌고 그런 삶에 지배받기 시작했습니다. 예수가 재산의 일부를 팔아서 나눠 주라고 했다면 그는 별 어려움 없이 따랐을지 모릅니다. 그런데 다 팔라니요? 지나친 요구였죠. 몹시 근심합니다.

부자는 하나님을 사랑한다 말하고 영생을 얻고 싶다고 했지만,

실제 그가 충성했던 것은 자기 삶의 기반이었던 재물이었습니다. 그에게는 '숨은 애인'이 있었던 겁니다. 겉으로 드러나지 않은 채 마음 깊은 곳에서 우리를 지배하는 그 무엇, 내 가치관과 삶의 기준을 형성하는 그 무엇, 그것이 숨은 우상입니다.

현대의 우상들

현대의 대표적인 숨은 우상은 돈입니다. 요즘에는 숨은 우상도 아닙니다. 하나님 바로 다음, 아니 하나님보다 더 높은 신이 되었습니다. 언제부터 "부자 되세요."라는 말은 덕담이 되었습니다. 요즘 젊은 친구들이 대학 가서 공부하는 것도 나중에 얼마나 돈을 잘 벌 수 있는가에 온통 초점이 맞춰져 있습니다. 학생들은 나중에 그렇게 되지 못할까 봐 두려움에 짓눌려 삽니다.

과거의 청년들은 산다는 것이 무엇인지, 사회에 정의를 어떻게 실현할지 같은 다른 고민도 하고 살았는데, 요즘은 먹고 사는 문제, 돈 버는 것 자체가 삶의 목적이 되었습니다. 왜 그렇게 많은 젊은이들이 열등의식에 빠져 끊임없이 시달리는지도 이해가 됩니다. 오죽하면 초등학생들이 연예인이나 CEO가 되고 싶다고 이야기할까요. 아이들조차 돈을 많이 벌었으면 좋겠다고 거리낌 없이 말하고, 주변 어른들도 응원합니다.

이제 돈과 재물은 숨은 우상도 아니며 드러난 우상입니다. 우리를 대놓고 지배하고 있습니다. 하나님과 재물을 같이 섬길 수 있다고 가르치거나 은근히 암시하는 교회도 적지 않습니다. 돈을 어떻게 벌었는지는 중요하지 않고, 부자만 되면 하나님의 축복이라고 믿는 사람들이 교회에 가득합니다.

돈 말고도 우리를 지배하는 우상은 많습니다. 그중 하나가 성공입니다. 남성 위주 사회에서는 남성만이 성공에 가까이 갈 수 있었습니다. 요즘은 여성도 성공할 수 있는 시대로 변하고 있습니다. 여성 역시 성공을 위해 모든 것을 희생할 준비가 되어 있으며, 결혼과 육아를 뒤로 미루기도 합니다.

마냥 손가락질할 수도 없습니다. 누가 경력 단절을 반길까요? 하지만 남자든 여자든 성공이 목적이 되면 하나님은 수단이 되고, 성공이 우선순위의 꼭대기를 점하면 하나님은 급할 때를 제외하고는 그다지 중요하지 않게 됩니다.

주일 하루 드리는 예배도 간편하게 자주 건너뜁니다. 골프나 등산, 여러 경조사를 통해 인맥을 잘 관리해야 하기 때문입니다. 그의 숨은 우상이 무엇인지는 분명합니다. 그를 자다가도 벌떡 일어나게 만드는 생의 동력은 성공입니다.

또 다른 우상은 사람에게 인정받는 것일지 모릅니다. 우리 교회 세례자 중에 한 분은 스스로 워낙 착하다고 생각했는데, 진짜 착한 게 아니라 사람들에게 인정받고 싶어서 싫은 소리를 못해서 그렇게 됐다는 사실을 발견했다고 하더군요. 어떤 사람은 인정받으려고 교회에서 봉사도 하고 기부도 합니다. 학력과 경력도 인정받기 위해 쌓고, 심지어 몸도 만들고 얼굴도 고칩니다.

사람에게 인정받는 것이 너무 중요해진 시대입니다. 내 가치가 타인의 평가에 의해 좌지우지되는 시대가 된 겁니다. 누가 뭐래도 나만의 가치가 있다고 말할 수 있는 근거가 점점 희미해지고 있습니다. 그래서인지 인정받는 것에 다들 목을 맵니다. 교회 사역을 함께할 사람을 정할 때 이런 사람을 가장 경계합니다. 인정 욕구에서 벗어나지 못한 채 누군가를 섬기면 반드시 문제가 생깁니다. 하나님에게서 오는 인정이 아니라 사람의 인정이 그 사역자를 끌고 다니기 때문입니다.

관계가 우상일 때도 많습니다. 예전에는 부모가 우상인 경우가 많았습니다. 요즘은 자녀들이 우상입니다. 내 인생의 성패를 아이의 성패와 연관 짓고 있다면 조심해야 합니다. 자녀들을 잘 키우는 것은 부모의 신성한 책임이지만, 자녀를 위한다는 핑계로 하나님을 소홀히 하며 별 문제 아니라고 느끼는 사람이 많습니다. 가정과 자녀를 위해서라면 때로는 자신의 신앙생활을 희생해서라도 책임을 다해야 한다고 생각하며, 때로는 이를 신성하게까지 여깁니다. 우상이 분명합니다.

오늘날 젊은이들 사이에 팽배한 우상은 재미와 쾌락입니다. 장기 계획을 세우기에는 미래가 너무 불확실해져서 지금 여기에서 누리는 재미와 쾌락이 중요해졌습니다. 고등학교만 졸업해도 이미 '루저'가 되었다는 생각을 하는 젊은이들은 재미와 쾌락을 주는 것에 마음을 쏟습니다. 그래서 교회도 재미가 없으면 발길을 거둡니다. 하나님은 우리에게 쾌락을 주셨고 우리가 재미있게 살기를 원하십니다. 하지만 쾌락이나 재미가 우리를 끌고 다니기 시작하면, 그것은 하나님이 허락하신 범위를 넘어서는 것입니다.

이쯤 되면 질문하는 분이 나옵니다. "그러면 숨은 우상이 아닌 것이 없네요?" 아닙니다. 돈, 성공, 인정, 관계, 쾌락 모두 우리에게 필요합니다. 그것 자체가 우상은 아닙니다. 하지만 그것들을 얻지 못하거나 손에 넣었다가도 사라지면 안타깝고 우울하고 화가 나고, 심하게는 스스로가 무가치하다고 느껴지나요? 그것들만 있으면 행복하고 신나게 살 수 있을 것이라고 생각하십니까? 그러면 그것은 숨은 우상입니다. 어떤 이유에서든 내 삶에서 떼려야 뗄 수 없는 가치이자 기준이 되었다면, 그것은 우상의 반열에 오른 겁니다. 나를 지배하고 있는 겁니다.

두 주인을 섬기다

내가 그것으로부터 자유할 수 있다면 그것은 우상이 아닙니다. 그것이 없어져 결핍이 생겨도 그다지 슬프지 않고 그런대로 살 수 있으면 우상이 아닙니다. 부모는 자녀가 잘되기 바라고 본인 생명조차 아까워하지 않습니다. 그런데 자녀는 원하는 대로 잘 크지 않습니다. 언젠가는 내 손을 떠납니다. 내가 어찌할 수 없는 부분들이 있습니다. 그게 슬프고 힘들어도, 자녀 인생은 자녀의 인생입니다. 내 자녀가 아무리 소중해도, 그 자녀에 의해 내 인생이 전부 좌지우지되지 않는다면 자녀는 우상이 아닙니다.

'자녀가 잘못되는 걸 보느니 차라리 내가 잘못되는 게 낫다.'며 두 눈에 흙이 들어가기 전까지는 그런 꼴을 못 본다는 부모도 있습니다. 그렇다면 그 자녀는 우상입니다. 자녀가 당연히 중요하지만, 놓을 수 없다면 우상입니다. 예수와 부자 지도자와의 만남도 그 지점을 드러내고 있습니다. 다시 말하지만 돈이나 재물 자체가 나쁜 것은 아닙니다. 성공도, 사람들의 인정도, 관계도, 쾌락도 나쁜 것이 아닙니다. 다 필요합니다. 하지만 그것들이 없으면 슬프고 화가 나고 안타깝고 무기력에 빠진다면 우상입니다. 예수는 그 우상을 폭로하고 있습니다.

그런 숨은 우상이 우리 안에는 많습니다. 이를 용인하면 우리는 두 주인을 섬기며 살게 됩니다. 하나님을 섬긴다고 말은 하지만 진짜 주인은 따로 있는 셈입니다.

영화에서 위장부부로 함께 작전을 수행하던 중에 맥스가 마리안에게 묻습니다. "당신은 어떻게 그렇게 사람을 잘 속여?" 마리안의 대답이 허를 찌릅니다. "진심으로 하니까. 진심은 통해." 맥스는 나중에 그 순간을 기억하고는 섬뜩해 합니다.

그리스도인도 마찬가지입니다. 하나님을 진심으로 사랑합니다. 진심으로 찬양하고 기도하며 사랑을 표현합니다. 누구라도 속아 넘어갑니다. 자신도 속아 넘어갑니다. 하지만 실제로는 다른 무언가에 지배받고 있습니다. 두 주인을 섬기는 모습입니다.

맹점

하지만 예수는 알았습니다. 예수가 숨은 우상을 폭로하기 위해 언급한 계명이 흥미롭습니다. 십계명 중에 다섯 계명만 말합니다. 1-4계명과 10계명은 꺼내지 않았습니다. 1-4계명은 하나님과의 관계에 관한 것입니다. "다른 신을 섬기지 말아라, 우상을 만들지 말아라, 하나님 이름을 망령되이 부르지 말아라, 안식일을 지켜라." 그다음에 인간과의 관계에 관한 계명이 나옵니다. 그중에서 맨 마지막 10계명인 "네 이웃의 집을 탐내지 말아라."만 빼놓고 언급합니다. 그러자 부자 지도자는 어려서부터 다 지켰다고 대답합니다. 예수가 왜 다른 계명들은 꺼내지 않았을까요?

예수가 1-4계명을 부자 지도자가 지키는지 물었다면 논쟁을 해야 했을 것입니다. 부자 지도자는 두 주인을 섬기면서도, 겉으로 드러나는 다른 신을 섬기지도, 우상을 만들지도, 하나님 이름을 망령되이 부르지도, 안식일을 어기지도 않았다고 말할 것이 분명합니다. 10계명도 마찬가지입니다. 자기 안에 있는 탐욕도 계명을 어기는 정도로 심각하지는 않다고 했을 겁니다.

1-4계명과 10계명은 모두 내면과 관련된 것이어서, 그것을 지켰는지 아닌지를 말하기가 쉽지 않습니다. 예수는 부자 지도자가

자신의 문제를 깨닫기 원했으나, 불필요한 논쟁을 할 생각은 없었습니다. 단지 그가 두 주인을 섬기고 있다는 것만 알려주고 싶었습니다.

그래서 그가 잘 지킨다고 생각하는 윤리적 계명을 먼저 언급합니다. 그러고 나서 자신감이 붙은 그에게 요구합니다. "네가 가진 것을 다 팔아서, 가난한 사람들에게 나누어 주어라." 놀랍습니다. 윤리적 계명은 궁극적으로 "이웃을 내 몸처럼 사랑하기" 위한 것입니다. 예수께서는 이 모든 계명을 제대로 지키려면, 주변의 가난한 자들을 위해 재산을 다 팔라고 말씀하십니다.

예수는 부자 지도자가 스스로를 돌아보도록 이끕니다. 자신이 십계명을 잘 지키고 있다는 허상에서 진짜 자신을 지배하고 있는 주인이 무엇인지를 폭로하십니다. 이를 위해 내면을 다루고 있는 1-4계명과 10계명을 꺼내서 논쟁하기보다 스스로 속이고 있는 맹점(blind spot)을 폭로합니다. 그러고 보면 전혀 상관없어 보이는 1-4계명과 10계명이 하나님을 섬기라는 한 주제를 다루고 있습니다. 하나님을 섬기는 자들은 탐심을 멀리하기 때문입니다. 그 대상이 무엇이든지 말입니다.

오늘날도 예수는 우리에게 다가와 말씀하십니다. 수많은 그리스도인이 예배를 드리며 예수를 사랑한다고 말하고 나름 선하게 살아가지만 성장하지 않고 변하지 않습니다. 한 주인을 섬긴다고 믿으며 두 주인을 섬기기 때문입니다. 자기 안에 숨은 우상이 있는 줄 알아채지 못합니다. 예수는 그 사실이 너무나 명확히 보였기 때문에 질문합니다. 단지 부자가 천국에 못 간다는 것이 아니라 더 본질적 이야기를 하고 있습니다. 예수는 지금도 우리에게 오셔서 우리의 숨은 우상을 폭로하십니다.

내가 나를 속이지 못하도록

숨은 우상이 폭로될 때 어떤 일이 일어날까요? 괴롭고 슬픕니다. 괴롭고 슬펐던 때가 있었다면 한 번 돌아보십시오. 숨은 우상이 폭로된 순간일 가능성이 높습니다. 정도가 심하면 그것 없이는 죽을 것 같고, 미칠 것 같고, 무기력에 빠지기도 합니다. 그렇다면 더더욱 숨은 우상일 수 있습니다. 그러나 우리는 그것을 우상이라고 생각하지 못합니다.

모두가 추구하는 것이며 당연한 것이라고 생각합니다. 여러 이유를 들면서 교묘하게 스스로를 속이기 때문에, 괴롭고 슬픈 일로 나의 숨은 우상이 어슴푸레 드러나더라도 곧잘 넘어갑니다. 하나님은 그것을 선명하게 폭로하십니다. 어떻게 폭로하실까요?

 말씀과 묵상을 통해 폭로하십니다. 주일 설교를 들으면서 '아, 내가 이걸 섬기고 살았구나.' 하고 뭔가를 발견한다면 하나님께서 숨은 우상을 드러내신 것입니다. 성경을 읽으면서도 자기 모습을 발견합니다. '아, 내가 이렇구나. 사람의 인정에 너무 목말라하는구나.' 하면서 깨닫습니다.
 하나님께서 내 안의 숨은 우상을 발견하게 하십니다. 그것이 자기 성찰입니다. 자기 성찰을 통해 하나님은 우리의 숨은 우상을 폭로하십니다. 그런 것들을 제대로 들여다보는 법을 배우는 것이 그리스도인의 신앙생활입니다.

 저도 끊임없이 하나님 앞에서 폭로당합니다. 갈라디아서 5장은 성령에 대한 이야기로 가득합니다. 성령을 힘입어 소망하는 삶, 성령이 인도하는 삶, 성령에 보조를 맞추는 삶…. 그런 말씀을 묵상하다 보면 제 자신을 돌아보게 됩니다. 뭘 좇으며 살고 있는지, 무엇이 나를 움직이는지를 살피게 됩니다. 매일매일의 작은 성찰이 모여서 나의 숨은 우상에 무릎 꿇지 않고 주님만 따라가는 힘이 쌓입니다.
 왜 아침마다 성경을 읽어야 할까요? 하나님이 우리를 귀하게 여기고 사랑하신다는 사실은 이미 알고 있습니다. 성경을 안 읽어도 그 사실은 변치 않습니다. 하나님은 그냥 내가 좋으신 분입니다. 뭘 해드리지 않아도 됩니다. 그러면 성경은 왜 읽어야 할까요? 말씀을 통해 내가 누구인지를 알 수 있기 때문입니다. 나의 내면을 들여다볼 수 있기 때문입니다. 굳이 성경을 꾸준히 읽고 싶지 않으면 안 하셔도 좋습니다. 하지만 위장부부로 살았던 마리안의 비극을 피할 수 없습니다. 우리는 자신까지 속이며 살 수 있습니다. 이를 이길 수 있는 힘이 성경 읽기와 묵상에서 나옵니다. 성경에 비추어 자신을 폭로하고 점검하는 것, 자기 성찰이 지닌 무서운 힘입니다.

나의 소중한 우상들

찬양할 때도 우상은 폭로됩니다. 오래전 이야기네요. 제가 대학교 4학년 때 진로 문제로 고민하다가 강원도 태백에 있는 예수원에 갔었습니다. 토레이 신부님이 살아 계실 때여서 이야기도 나누고 조용히 혼자만의 시간을 갖고 돌아왔습니다. 청량리역에 내려 지하도를 걷다가 찬양이 제 속에서 나왔습니다. "주 예수보다 더 귀한 것은 없네. 이 세상 부귀와 바꿀 수 없네…." 계단을 올라가다가 탁 멈춰 섰습니다. 지금도 그 자리가 기억날 정도입니다.

그때 이런 생각이 들었습니다. '나는 이 노래를 부를 수 없구나. 이 고백은 내가 할 수 없는 고백이구나.' 제게는 정말 충격적인 순간이었습니다. 입에서는 "주 예수보다 더 귀한 것은 없네."라는 가사가 나오는데, 마음에는 '나는 예수보다 더 귀한 것이 많아.'라는 고백이 들렸습니다. 숨은 우상이 드러나는 순간이었죠. 40년 가까이 된 이야기입니다.

최근에는 어떨까요? 4-5년 전에는 성경 말씀을 공부하다가 자꾸 이런 마음이 들었어요. '하나님께서 설교를 그만하라고 하실지도 모르겠다.' 제게는 설교가 굉장히 중요합니다. 신학 공부를 한 이유 중 하나도 설교를 제대로 하기 위해서였습니다. 그런데 하나님이 설교를 그만하라고 하신다니, 무척 슬펐습니다. 한 달 가량 사투한 것 같습니다. 그리고 나서야 '하나님이 원하시면 제가 설교하지 않겠습니다.'라고 결단했습니다.

다시 한 달쯤 후에 성경을 묵상하는 중에 '목사도 그만하면 어떠냐'는 마음을 주셨습니다. '아니, 목사를 그만두고, 사랑하는 공동체를 두고 어디를 가라고 하시는 건지….' 이 이상한 마음과 함께 한 달가량 다시 사투를 벌이다가 목사직도 하나님 앞에서 내려놓을 수 있다고 고백할 수 있었습니다.

그때 깨달았습니다. '설교하는 것도, 목사로 사는 것도 우상이 될 수 있구나, 나들목교회도 우상이 될 수 있구나. 하나님께서 그만하라고 하시면 설교도 그만하고, 나들목교회도 그만하고 목사도 그만두어야 하는구나. 하나님을 위한 사역조차 내 우상이 되면 안 되겠구나.' 몇 년 전 그 사건이 제게는 아주 중요한 순간이었습니다. 아직까지는 설교도 하고 여전히 목사로 살고 있고 교회도 떠나지 않았지만, 이전과는 다른 마음입니다.

하나님은 우리의 신앙이 성장하면서 자꾸만 생겨나는 숨은 우상들, 어쩌면 우리 자신도 모르는 우상을 폭로하시면서 그에 좌지우지되지 않도록 우리를 이끄십니다. 말씀을 통해 찬양을 통해 무수한 사건을 통해 매우 끈기 있게 우리와 동행하며 폭로하십니다.

내가 섬기는 우상이 나를 공격한다

누구나 비슷한 경험을 합니다. 사귀던 이성과의 이별은 죽을 것 같은 고통입니다. 사랑하는 사람을 잃었을 때는 살고 싶지 않을 정도로 힘듭니다. 그런데 지나고 나면 별것 아닌 것 같은 날도 옵니다. 하지만 당시는 너무나 힘들고 아픕니다. 무엇으로도 대체되지 않는 우상이었기 때문입니다. 성공의 사다리를 올라가다가 결정적 순간에 미끄러졌을 때도 마찬가지입니다.

마지막 한 계단만 오르면 되는데 그것을 못하고 물러날 때 어떤 기분이 들까요? 미끄러질 때는 잘 모릅니다. 성공이 얼마나 강력한 우상이었는지. 하지만 시간이 지나면 차차 보이기 시작합니다.

신학교에서 같이 공부했던 한 친구는 변호사였습니다. 그는 공부를 마치고 다시 변호사로 돌아갔는데, 미국의 유명한 법률법인에서 파트너가 되기 직전까지 승진했습니다. 파트너 직책만 되면 연봉부터 시작해서 변호사로서 꽃을 피우는 셈이었죠. 그런데 마지막 순간에 탈락했습니다. 이유는 3년간 신학교에서 신학을 공부했기 때문에 법률 서비스에 대한 헌신도가 다른 경쟁자보다 떨어진다는 것이었습니다.

제가 이 친구에게 물어봤어요. "마크, 파트너가 되는 건 변호사로서 마지막 성공에 이르는 건데, 신학교를 다녔던 게 아쉽진 않아? 신학교는 파트너가 된 다음에도 다닐 수 있었는데 말이지." 그는 약간의 흔들림도 없이 대답했습니다. "3년간 하나님에 대해 깊이 공부하는 것과 파트너가 되는 것, 둘 중 하나를 선택하라면 전자를 선택할 거야. 물론 파트너가 안 된 건 아쉽지. 하지만 지금 선택하라고 해도 같을 거야." 마크에게는 최고의 법률법인의 파트너가 되는 것이 우상이 아니었던 겁니다.

　인생의 중요한 순간에 우리가 진정으로 섬기는 신이 누구인지가 분명해집니다. 결정적인 순간에 우리의 숨은 우상이 튀어나옵니다. 성경을 통해 자기 성찰을 하면서 미리미리 우상이 폭로되면 좋겠지만, 그렇지 않으면 하나님께서 특단의 조치를 취합니다. 내 우상이 나를 공격하게 두십니다. 이것은 무서운 이야기입니다. 하나님이 우리를 버리지는 않지만, 내가 섬기는 숨은 우상을 통해 들어오는 유혹과 속임수를 그냥 두고 보십니다. 내가 좇았고 내게 행복을 주리라 믿었던 우상이 결국 내 등에 칼을 꽂습니다. 이것이 우상의 특징이기도 하지만, 우리가 귀를 막고 듣지 않을 때 하나님이 사용하시는 마지막 방법이기도 합니다.

　예수는 부자 지도자가 거기까지 가지 않기를 바랐습니다. 그를 사랑했기 때문에 진실이 아닌 것에 생명을 다하는 그를 내버려 두지 않았습니다. 말씀을 통해 미리 경고해주신 것입니다. 하지만 그나 우리나 하나님의 말씀을 계속 거역하면 사건을 통해 깨닫게 하십니다.

'내가 포기할 수 있구나'

폭로가 끝일까요? 하나님은 숨은 우상을 드러내는 데서 멈추지 않으시고 그것을 내려놓게 하십니다. 도저히 안 될 것 같았는데 포기하게 만드십니다. 우상을 품고는 하나님을 사랑할 수 없습니다. 지난 장에서 기독교는 하나님과의 우정 관계라고 했습니다. 두 여자를, 또는 두 남자를 다 사랑할 수는 없습니다. 이처럼 하나님과 우상은 겸해서 섬길 수 없습니다. 그래서 하나님은 없으면 안 될 것 같은 우상을 포기하라고 말씀합니다.

모두가 잘 아는 고전적 사례는 아브라함입니다. 고대 종교에는 자식을 바치면 신이 감동한다는 식의 이야기가 많습니다. 하지만 하나님은 이를 가장 나쁜 죄로 여겼습니다. 하나님의 본성과 어울리지 않는 이야기입니다.

그런데 아브라함에게는 아들을 제물로 바치라고 합니다. 더군다나 하나님은 아브라함에게 "너의 씨가 바다의 모래처럼 셀 수도 없이 많아지게 하겠다."고 약속까지 한 상황입니다. 하나밖에 없는 아들을 죽이면 하나님의 약속은 이루어질 수 없습니다. 그런데도 하나님은 외아들 이삭을 바치라고 합니다.

아브라함에게 이삭은 자신의 생명보다 귀한, 숨은 우상과도 같은 존재였습니다. 아브라함은 다음 날 일어나서 아들을 데리고 산에 오릅니다. 사흘 길을 걸어가 마침내 아들을 죽이려고 할 때 하나님이 멈춰 세웁니다. "네가 하나님 두려워하는 줄을 내가 이제 알았다."고 말씀합니다.

얼핏 보기에는 아브라함이 하나님을 두려워하는지 알아보려고 하나님께서 이상한 요구를 하신 것 같지만, 실제로는 그렇지 않습니다. 모든 것을 아시는 하나님께서 아브라함의 마음을 알고 싶으셔서 이상한 요구를 하신 것이 아닙니다. 오히려 아브라함은 이 사건을 통해서 자신이 하나님을 그만큼 사랑하고 있음을 깨달았을 것입니다.

저 역시 신앙의 여정을 통해 이런저런 것들을 내려놓고 포기하면서 깨닫는 것은 "형국아, 이제 네가 나를 사랑하는지 알았다."는 말씀이 아닙니다. 오히려 "하나님, 제가 하나님을 이렇게 사랑합니다."라는 깨달음입니다.

하나님은 우리가 하나님을 어느 정도 사랑하는지 아십니다. 우리의 신앙을 시험해야만 아시는 분이 아니십니다. 하나님은 이러한 과정을 통해 하나님께 드리는 우리의 고백이 좀 더 깊어지게 하십니다. 하나님은 지금도 우리에게 도전합니다. 이제 당신만을 의지하고 나의 숨은 우상을 내려놓으라고 말씀합니다.

자본주의 사회에 살고 있기 때문에 특히 재정 면에서 휘둘리지 말아야 합니다. 돈이 우리를 지배하지 못하도록 하나님 앞에서 재물은 내 우상이 아니라고 선언해야 합니다. 재물이 그리 중요하지 않다고 선언하는 것은, 특히 자본주의 사회에서는 변혁의 삶입니다. "너 없으면 없는 대로 살 수 있어."라고 말하는 것이 변혁의 삶입니다. "있으면 좋지. 많으면 좋지. 그러나 없어도 돼. 없으면 없는 대로 살 거야. 지금 내가 가지고 있는 걸 나보다 더 어려운 이웃과 나눠 쓰는 게 당연하지. 나보다 더 많이 가진 사람을 쳐다보며 살지 않을 거야. 내게 주신 것도 충분해!"라고 말할 수 있어야 합니다. 그게 바로 예수가 부자 지도자에게 도전했던 내용입니다.

어쩌면 재물은 눈에 보이는 우상에 속합니다. 그래서 선언하고 결단하기 용이한 측면도 있습니다. 이런 우상도 정리하지 못하면서 사람에게 인정받고 싶은 욕망, 성공하고 싶은 욕망처럼 깊이 숨어 있는 우상을 어떻게 다룰 수 있을까요? 예수는 지금도 도전합니다. "내가 너의 진짜 주인 맞니? 혹시 돈 아니었어? 혹시 네 자녀, 혹시 네 성공은 아니었니?"

거침없이 자유로울 때까지

예수는 우리에게 포기할 수 있겠냐고 도전한 다음에, 온전한 구원으로 우리를 이끕니다. 우리의 구원을 온전케 하십니다. '그게 없으면 살 수 없을 것 같았는데, 없어도 충분히 살 수 있구나.'를 발견하는 것이 구원입니다. "하나님 당신을 얻었으니 다른 것은 없어도 괜찮아요. 당신을 얻었으니 다 얻은 거나 다름 없어요."라고 이야기하는 것이 구원입니다. 하나님은 우리가 그 구원을 맛보길 원하십니다.

숨은 우상에 좌지우지되지 않고 그것들로부터 자유해지는 인생을 주려고 하십니다. 낙타가 바늘귀로 들어가는 것보다 더 어려운 일, 사람은 못하는 일, 하나님만이 하실 수 있는 일을 하십니다. 숨은 우상을 폭로하고 그것을 내려놓게 하시고, 마침내 우리를 온전한 구원으로 이끄십니다.

그때 사람은 자유하기 시작합니다. 인정받는 것에 에너지를 집중하는 사람을 만나면 피곤하지 않은가요? 미성숙한 사람은 늘 인정받고 싶어 합니다. 조금만 말이 어긋나도 상처를 입습니다. 자유로워져야 합니다. 누가 나를 인정하든 하지 않든 상관 있을까요? 하나님께 인정받고 있다면 말이죠.

이것이 안 되기 때문에 전전긍긍하는 겁니다. '내가 잘못 대우받은 게 아닌가. 왜 내게 저렇게 말을 함부로 하나.'라는 생각이 떠나질 않습니다. 사람들의 말 하나하나에, 나를 대하는 얼굴 표정까지도 살피고 해석하고 괴로워합니다.

자유해지는 것이 성장하는 것입니다. 숨은 우상을 갖고 있는 한 자유할 수 없습니다. 언제나 전전긍긍하며 그에 사로잡혀 살 수밖에 없습니다. 하나님은 우리가 무엇에도 거침이 없길 바라십니다.

저 역시 제게 가치 있는 것, 제게 주신 것, 제가 책임져야 하는 것, 하고 싶은 일 등 제 주변의 모든 것이 사라져도 괜찮다는 마음을 품기 원합니다. 그런 것들을 포기해야 하는 것이 제 몫이라면 그런 고백에 이르고 싶습니다. 아직은 부족하지만 하나님이 그 과정을 걷게 하시는 것 같습니다.

오래전 청량리역 지하도에서 부른 찬양 "주 예수보다 더 귀한 것은 없네"부터 최근에 질문하신 '설교 안 할 수 있겠니? 목사 내려놓을 수 있겠니?'까지 예수는 제가 우상을 버리도록 도전하셨습니다. 그 과정을 통해 더 진실하고 자유롭게 교회를 섬기게 하셨습니다. 숨은 우상에서 우리를 끄집어내 온전하게 바꾸어 나가시며, 마침내 구원에 이르게 하는 분이 바로 하나님이십니다.

유쾌한 폭로전

인생은 어쩌면 끊임없는 폭로전일지 모릅니다. 정치 관련 뉴스를 보면 뭔가 새로운 폭로가 계속 나옵니다. 실체를 알 수 없을 정도입니다. 세상사만 그런 게 아니라 인생이 그런 것 같습니다. 그리스도인은 자신이 주인이 되어 살았음을 공개적으로 폭로한 사람입니다. 그 대신 하나님을 주인으로 섬기겠다고 고백하면서 그리스도인이 되었습니다.

하지만 폭로는 이어집니다. 하나님을 주인으로 여기며 산다고 생각했지만 숨은 우상들이 하나둘 튀어나옵니다. 하나님은 그것들을 내려놓게 하시고, 우리를 그것들로부터 자유롭게 만드십니다. 정치 뉴스에서 만나는 불쾌한 폭로가 아니라 우리를 자유에 이르게 하고 온전케 하는 하나님의 폭로가 일생에 걸쳐 일어납니다.

독일과 영국 사이를 왔다 갔다 한 마리안은 결국 비극을 맞이합니다. 두 주인을 섬기며 안절부절못하는 삶을 언제까지 이어가야 할까요. 그러다가 결국 아무런 변화나 성장 없이 마지막을 맞이해야 할까요?

어릴 때부터 교회 다니면서 예배에 참석하고 여러 교회 활동을 했기에, 그것으로 자신이 지켜야 할 계명을 다 지켰다고 생각하는 우리를 하나님은 사랑하십니다. 하나님은 우리를 사랑하시기 때문에, 우리가 숨겨 놓은, 아니 우리도 모른 채 우리 안에 숨어 있는 우상을 폭로하십니다.

우리를 진정한 자유에 이르게 하기 위해서입니다. 나의 민낯을 마주할 때 무척 힘이 듭니다. 그러나 이를 통해 성숙과 자유에 점차 가까이 다가갑니다. 그러니 이런 폭로를 우리는 감히 유쾌한 폭로라고 부를 수 있습니다. 하나님과 함께하는 우리의 삶은 유쾌한 폭로전입니다. 진정한 성숙과 참된 자유를 향한.

> 교회를 오래 다니고 윤리적인 삶을 살려고 한다고
> 삶이 변화되지 않습니다.
> 하나님께서 우리 속에 숨은 우상을 드러내실 때,
> 정직하게 그것을 인정하고 하나님만을 섬기겠다고
> 결단하며 살아갈 때, 우리는 숨은 우상의 독재에서 벗어나
> 참된 자유에 이르게 됩니다.

7

십자가의 예수를 만났지만

만남은
멈추지
않는다

"나는 예수를 만나 예수와 함께 가는 사람인가?
예수를 만났으나 내 갈 길로 가는 사람인가?"

　예수가 돌아가시기 직전에 마지막으로 만난 사람은 십자가에 함께 매달린 두 명의 강도였습니다. 가운데 십자가에 예수가 매달리고, 양쪽 십자가에 두 죄수가 매달렸습니다. 예수가 이 땅에 오셔서, 수많은 사람을 만났지만 죽기 전에 마지막으로 만난 사람이 바로 이 두 사람입니다.

　예수가 부활한 다음에는 생전에 만났던 사람만 다시 만났습니다. 그렇기 때문에 이 두 사람은 예수가 생전에 만난 마지막 사람입니다. 흥미로운 사실은 두 죄수 역시 살아서 마지막으로 만난 사람이 예수라는 것입니다. 삶의 끝자락에서 극적인 만남이 이루어졌습니다.

이 만남에서 두 죄수는 서로 다른 길을 선택합니다. 예수를 만나 예수와 함께 가는 사람, 예수를 만났으나 별다른 영향을 받지 않고 여전히 제 갈 길로 가는 사람. 둘 다 예수를 만났지만, 이들의 인생은 현격한 차이를 보입니다.

두 사람의 경우는 예수를 만난 사람의 두 전형을 보여 줍니다. 하나는 만남이 이 땅의 삶과 죽음 이후의 삶에 아무런 영향을 끼치지 못하는 경우이며, 다른 하나는 엄청난 축복으로 이어지는 경우입니다. 전자는 영원히 예수와 함께 있지 못하며, 후자는 영원히 함께 머물며 풍성한 관계를 맺습니다.

두 사람

이제 세 십자가 이야기를 살펴봅시다. 예수께도, 두 명의 강도에게도 이 만남은 죽기 직전의 마지막 만남이었습니다. 이 만남이 가지는 상징성과 실제적 의미는 참으로 심오합니다. 누가복음 23장 32-43절입니다.

다른 죄수 두 사람도 예수와 함께 처형장으로 끌려갔다. 그들은 해골이라 하는 곳에 이르러서, 거기서 예수를 십자가에 달고, 그 죄수들도 그렇게 하였는데, 한 사람은 그의 오른쪽에, 한 사람은 그의 왼쪽에 달았다. [그때에 예수께서 말씀하셨다. "아버지, 저 사람들을 용서하여 주십시오. 저 사람들은 자기네가 무슨 일을 하는지를 알지 못합니다."] 그들은 제비를 뽑아서, 예수의 옷을 나누어 가졌다. 백성은 서서 바라보고 있었고, 지도자들은 비웃으며 말하였다. "이 자가 남을 구원하였으니, 정말 그가 택하심을 받은 분이라면, 자기나 구원하라지." 병정들도 예수를 조롱하였는데, 그들은 가까이 가서, 그에게 신 포도주를 들이대면서, 말하였다. "네가 유대인의 왕이라면, 너나 구원하여 보아라." 예수의 머리 위에는 "이는 유대인의 왕이다" 이렇게 쓴 죄패가 붙어 있었다.

예수와 함께 달려 있는 죄수 가운데 하나도 그를 모독하며 말하였다. "너는 그리스도가 아니냐? 너와 우리를 구원하여라." 그러나 다른 하나는 그를 꾸짖으며 말하였다. "똑같은 처형을 받고 있는 주제에, 너는 하나님이 두렵지도 않으냐? 우리야 우리가 저지른 일 때문에 그에 마땅한 벌을 받고 있으니 당연하지만, 이분은 아무것도 잘못한 일이 없다." 그러고 나서 그는 예수께 말하였다. "예수님, 주님이 주님의 나라에 들어가실 때에, 나를 기억해주십시오." 예수께서 그에게 말씀하셨다. "내가 진정으로 네게 말한다. 너는 오늘 나와 함께 낙원에 있을 것이다."(새번역)

십자가에 달린 두 죄수에게는 세 가지 공통점이 있습니다. 첫째는 자기가 지은 죄로 심판을 받고 있다는 것입니다. 한 죄수는 "우리가 저지른 일 때문에" 마땅한 벌을 받고 있다고 말합니다.

두 죄수가 무슨 죄를 지었는지는 정확히 알 수 없습니다. 하지만 이들의 죄가 꼭 이들만의 탓은 아닐 수 있습니다. 어려운 환경에서 태어나 어려서부터 물건을 훔쳤을지 모릅니다. 자라면서 점점 큰 강도짓을 해서 결국에는 십자가까지 왔을 수도 있습니다. 얼마든지 자신이 태어난 환경을 억울해하거나, 자신을 악의 구렁텅이로 꾀었던 주변 사람을 탓할 수도 있었겠죠. 하지만 한 죄인은 이렇게 고백합니다. "우리가 저지른 일 때문에 그에 마땅한 벌을 받고 있으니 당연하다."

원래 십자가형은 정치범을 처형할 때 이용했으므로, 두 죄수 역시 나라와 민족을 위해 투쟁하다가 잡혔을지 모릅니다. 그러다가 폭력적 저항을 하게 되고 인명을 살상했을 가능성도 적지 않습니다. 사형에 처해질 정도였으니까요. 어떤 이유에서든 그는 자신이 지은 죗값을 치른다고 생각했습니다.

두 죄수의 두 번째 공통점은 예수에 대해서 들은 바가 있다는 것입니다. 십자가 밑에서는 지도자들이 "남을 구원했으니 정말 그리스도라면 자기나 구원하라지."라며 예수를 비웃습니다. 로마 병사들은 "네가 유대인의 왕이라면, 너나 구원하여 보아라."며 조롱합니다. 한 죄수 역시 "너는 그리스도가 아니냐? 너와 우리를 구원하여라."며 모독합니다. 여기서 중요한 단어는 비웃음, 조롱, 모독이 아니라 '구원'입니다.

이들 모두가 예수에게 구원해보라고 말합니다. 그러니까 예수에 대해 뭔가 들은 게 있는 겁니다. "메시아일지 몰라. 세상을 심판하고 세상을 구원할 메시아일지 몰라. 유대인의 왕일지 몰라. 현재 우리가 겪는 고통과 비참한 현실을 깨부수고 우리 모두를 구해낼지 몰라." 이런 풍문을 모두가 들어 알고 있었습니다.

더군다나 두 죄수는 예수를 눈앞에서 목격했습니다. 예수가 십자가에 매달려 죽어가면서 드렸던 기도를 두 귀로 생생하게 들었습니다. "아버지, 저 사람들을 용서하여 주십시오. 저 사람들은 자기네가 무슨 일을 하는지를 알지 못합니다."

보통 사람으로서는 상상할 수 없는 기도가 예수의 입에서 흘러나왔습니다. 십자가 위에서 완전히 벗겨져 갖은 조롱과 모욕을 당하는 치욕스러운 상황에서 나온 기도였습니다. 두 죄수는 메시아라고만 전해 들었던 한 젊은이의 본모습을 바로 옆 십자가에서 직접 확인했습니다.

두 죄수의 마지막 공통점은 예수에 대한 자신의 입장을 결정할 기회가 있었다는 것입니다. 예수에 대한 이런저런 이야기를 풍문으로 들은 바 있고, 같은 자리에서 함께 끔찍한 고통을 겪으면서 그가 어떤 분인지를 직접 보고 알았습니다.

예수가 스스로 주장했듯이, 그 삶과 사역을 통해 보여 주었듯이, 그리고 죽어 가면서 드러냈듯이 그가 정말 메시아라면, 그들을 괴롭히는 고통의 문제뿐 아니라 그들이 저질렀던 죄악까지도 용서할 수 있는 분입니다. 그들을 메시아의 나라로 데리고 가실 분일지도 모릅니다. 더 이상 미룰 수 있는 순간이 아닙니다. 양단간에 결정을 내려야 할 순간입니다. 메시아라고 주장하는 이도 죽어 가고 자신들도 죽어 갑니다. 시간을 내서 고려해보고 탐구해볼 수도 없습니다. 그들에게는 마지막 기회가 주어진 것입니다.

선택, 그리고 피할 수 없는 결과

두 사람의 세 가지 공통점은 오늘날 우리와도 무척 닮았습니다. 우리는 자신이 저지른 죄와 함께 살아갑니다. 나이가 들면 들수록 과거에 우리가 선택했던 것들, 특히 하나님 없이 살았을 때의 선택들이 지금 나에게 영향을 미치고 있음을 보게 됩니다. 예조차 들기 겁날 정도입니다. 하지 말았어야 했던 일, 뒤바꿀 수 없는 선택, 그로 인한 결과를 안고 살아가야 합니다. 하나님 없이 내가 살아왔던 방식, 관계 맺었던 사람, 그로 말미암은 것들을 고스란히 지고 가는 자신을 발견합니다. 우리 인생은 내가 결정했던 것들의 결과를 지고 살아가는 것입니다. 우리의 기억과 그 결정의 결과를 지워버릴 수는 없습니다.

내가 선택한 것의 결과만이 아닙니다. 타인의 선택과 그들의 죄까지도 내게 영향을 미칩니다. 내게 아무런 잘못이 없어도 '그 집'에서 태어났기 때문에 져야 하는 짐들이 있습니다. '이 나라'에서 태어났기에, '이 시대'에 태어났기에 져야 할 고통이 있습니다. 나의 선택은 아니지만 누군가의 잘못들을 뒤집어쓰고 살아갑니다.

크게는 해방 이후 분단의 고통이 우리 민족을 찾아왔고, 그 고통은 역사가 지나가면서 고착돼 가고 있으며 아직도 진행 중입니다. 앞선 세대의 오판과 잘못을 우리가 다 지고 가고 있습니다. 참으로 불행한 일이지만 그렇다고 불평만 할 게 아닙니다.

우리의 선택 역시 다음 세대에 그대로 짐이 될 것입니다. 시대를 거듭하며 이어지는 수많은 결정들, 하나님을 두려워하지 않고 하나님과 관계없이 내리는 수많은 선택들, 그 결과가 오늘날 우리 삶에 덕지덕지 붙어 있습니다.

이런 결과를 지고 살아가다가 가끔씩 '악' 소리 나게 힘들 때도 있습니다. 그럴 때마다 깊은 좌절이 찾아옵니다. 지고 가기 힘든 결과를 안고 살아가는데 이와 관련된 무슨 일이 탁 하고 터지면 마음이 확 무너져 내립니다. 그런 경험 있으신가요? 앞이 안 보이고 아예 여기서 딱 그만 뒀으면 좋겠고, 심할 때는 죽어버리는 게 낫지 않나 하는 생각도 듭니다. 그런 어려움이 인생 곳곳에서 툭툭 튀어나옵니다.

현재의 심판과 유예된 마지막 심판

어쩌면 우리 인생이 십자가형과 닮았다는 생각도 듭니다. 천천히 고통을 겪으면서 죽음을 향해 걸어가는 것이 우리 인생일지 모릅니다. 하나님을 무시했기 때문에, 하나님을 거절했기 때문에 닥칠 수밖에 없는 현재의 심판, 그 심판을 지금 받고 있습니다. 그러면서 마지막 심판이 다가옵니다.

사람들은 죽고 나서야 심판이 온다고 생각하지만, 하나님을 거절했기 때문에 겪는 고통이 있으며, 이를 현재의 심판이라고 부릅니다.

성경은 우리가 진노의 자녀였다고 말하고(엡 2:3), 하나님의 진노가 하늘로부터 나타나고 있다(롬 1:18)고 말합니다. 하나님을 무시하고 떠난 사람들은 십자가에서 천천히 죽어 가는 것과 같이 현재에 임하는 하나님의 심판을 경험하며 살아가고 있는 것입니다.

예를 들어, 다른 사람과의 관계도 하나님을 두려워하며 이웃을 사랑하며 맺어야 합니다. 젊어서부터 사람을 건강하게 사랑하며 섬기고, 타인을 조종하거나 이용하지 않으며 관계 맺는 법을 배워야 합니다.

그러나 하나님을 두려워하지 않고, 자기 이익을 위해 때로는 타인을 조종하고 이용하면서 살아가면, 이를 알아챈 사람들이 하나둘 등을 지거나 자신을 보호하기 위해 멀어집니다. 결국 주변에는 아무도 남지 않게 됩니다. 아니, 나를 해코지하거나 공격하려는 사람이 주변에 가득 쌓일 수도 있고, 자신을 보호할 수 있는 힘이 사라지면 무시당하며 살게 됩니다.

하나님으로 말미암아 관계들이 바르게 정리되고 삶이 회복되지 않으면 이런 자명한 결과에서 벗어날 수 없습니다. 이것이 현재의 심판이 임한 모습입니다. 물론 이런 비극을 돈이나 재미나 성공으로 어떻게 해서든지 무마해보려 애쓰는 것이 인간의 본질이지만,

그 무엇으로도 인간의 실존적 문제를 해결할 수 없습니다.

정직하게 들여다보면 인간은 십자가형에 처해진 상태입니다. 하나님을 무시하고 제 멋대로 살기 때문에 겪는 혼란과 고통과 아픔을 안고 삽니다. 결국 그 끝에는 예수가 다시 오실 때까지 유예되었던 마지막 심판이 기다리고 있습니다. 이 사실을 직면하지 않는다면 예수를 믿는다는 것이 별로 의미가 없습니다. 교회를 다닌다고 해도 하나님의 현재적 심판을 두려워하지 않으니 무슨 의미가 있겠습니까? 그냥 교회나 다니는 정도입니다.

하지만 하나님을 떠났다는 것이 현재와 미래에 얼마나 무서운 결과를 초래하는지 알면 정신이 번쩍 납니다. 하나님과 상관없이 내리는 수많은 결정이 나와 내 사랑하는 사람에게 어떤 영향을 미칠지 알면 가슴을 쓸어내리게 됩니다. 불행하게도 두 죄인은 십자가에서 비로소 그 사실을 깨닫고 있습니다.

들어서 아는 예수

이들의 두 번째 공통점 역시 우리와 무척 비슷합니다. 우리 역시 두 죄인처럼 예수에 대해 들어서 알고 있습니다. 교회에 가면 늘 예수에 대해서 이야기해주니, 우리는 그 이야기를 듣고 예수를 어느 정도 압니다. 예수가 하나님의 아들이라는 이야기, 그 예수가 우리의 죄를 위해서 죽으셨다는 이야기는 누구나 듣는 이야기입니다. 이를 믿기만 하면 구원을 받을 수 있다니, 보험 드는 셈치고 예수를 믿기로 하는 사람도 있습니다. 그러나 예수가 부활하셨다거나 다시 오셔서 심판하신다는 말은 좀 비현실적이고 비합리적이라고 생각합니다. 그냥 믿기로 합니다. 예수에 대해 들은 것 중에서 일부만 취사선택해서 나를 천당에 가게 하는 존재 정도로만 믿습니다.

다른 사람이 전해주는 예수, 교회에서 설교로 들은 예수를 믿으면서 다 알고 있다고 생각하기 때문에, 예수의 가르침에서 중요한 것은 사랑이라고 생각하는 정도에서 머뭅니다. 예수가 사랑뿐 아니라 정의를 중요시했다는 점은 조금 부담스럽습니다. 예수께서 불의에 가득 찬 세상을 심판하고 회복하기 위해 하나님께서 보낸 메시아라는 이야기를 들은 적은 있습니다. 하지만 그게 실제로 어떤 의미인지는 잘 모릅니다. 여전히 들어서 아는 정도입니다.

예수의 중심 가르침이 '하나님 나라'인 것은 들어서 아는 사람도 적을뿐더러, 알더라도 '하나님 나라'를 죽어서 가는 곳이나 내 마음에 임하는 것 정도로 이해합니다. 예수를 만난 많은 이들의 인생이 변화되었고, 인류 문명과 세상에도 큰 영향을 끼쳤다는 사실도 들어서 상식으로 아는 정도입니다.

마지막 기회일지도

두 죄수는 이제 죽음을 코앞에 두고 있습니다. 예수에 대해 듣고 보아서 알게 된 것에 기초해 예수에 대해, 내 인생에 대해, 죽음 이후의 삶에 대해 결단을 내려야 합니다.

그들과 우리와의 극명한 차이는 그들은 죽음이 바로 앞에 와 있고, 우리는 언제 죽음을 맞이할지 모른다는 것입니다. 그래서 많은 이들은 자신에게 아직도 시간이 많이 남아 있다고 생각합니다. 이것은 큰 착각입니다.

고대 사회는 높은 영아 사망률과 낮은 평균 수명으로 인해 사람들이 오래 살지 못했습니다. 주변에서 죽음을 늘 목도하며 살았습니다. 반면, 오늘날은 의학이 발달해 대다수 영아들이 살아남으며, 평균 수명과 기대 수명 역시 늘어났습니다. 우리에게는 시간이 많은 것 같습니다.

다만 미디어의 발달로 가까운 주변은 아니라도 끊임없는 사건과 죽음의 소식을 듣습니다. 죽음은 그리 멀리 있지 않습니다. 사람들의 큰 착각은 죽음은 불확실하고 살아 있는 것은 확실하다는 것입니다. 반대가 아닐까요? 내가 죽는다는 것은 확실하고, 살아있는 것이야말로 불확실합니다.

당장 죽지 않으니 기회가 아직 많다고 생각합니다. 구원을 천당 가는 기차표 정도로 여기니 죽기 직전에 예수 믿으면 된다고 생각합니다. 실제로도 이렇게 생각하는 사람들이 많아서 "저도 십자가 위에서 구원받은 강도처럼 죽기 직전에 예수 믿을 거예요."라며 여유 부리는 사람도 종종 만납니다.

그러나 우리 인생은 오늘이 마지막입니다. 오늘은 내일이 되면 어제가 됩니다. 우리는 그렇게 내가 받은 마지막 날을 소비하며 살아갑니다. 하루하루 미루면 결국 내 인생에서 하나님 없이 산 날만 늘어납니다. 당연히 그 결과가 내 인생에 고스란히 남습니다.

언젠가 설교 요청을 받아 3박 4일간 중소도시에 머물며 사역한 적이 있습니다. 호텔방에 있는 음료도 돈을 내야 하고, 조식을 먹으면 주최 측에 부담이 되리라 생각해, 호텔 앞 편의점에서 음료와 아침 식사거리를 샀습니다. 조금은 겸연쩍어 하면서 가방에 넣어 호텔방으로 들어왔습니다.

사역을 마치고 떠나는 날, 호텔 예약을 해주신 분이 "호텔 조식이 괜찮지요? 사우나는 좀 하셨어요?"라고 제게 물었습니다. 조식과 사우나 무료 사용권이 포함돼 있었던 겁니다. 체크아웃 하는 시점에 알았으니 그때는 조식을 먹을 수도, 사우나를 하러 들어갈 수도 없었습니다. 누릴 수 있는 기회는 이미 지나갔고, 아침마다 컵라면으로 때운 걸 생각하니 억울했습니다.

하나님을 믿어서 죽으면 천당 가는 종교가 기독교라면 기회는 아직도 남은 것이겠죠. 하지만 두 죄수에게 마지막 기회가 주어졌듯이 오늘 우리에게도 마지막 기회가 주어진 것입니다. 오늘을 넘기면 그만큼 컵라면으로 때운 인생을 하루 더 산 게 됩니다. 세상을 심판하고 회복하시는 예수를 믿고 따르는 일은 미룰수록 자신에게 손해일 뿐 아니라, 그 결과가 우리 인생과 인격에 고스란히 남습니다. 우리도 오늘을 마지막 기회로 가지고 있는 것입니다.

서로 다른 반응

두 사람은 세 가지 공통점에도 불구하고 예수에 대해 서로 다르게 반응합니다. 한 사람은 예수에게 "너는 그리스도가 아니냐? 너와 우리를 구원하여라."라고 말합니다. 아예 예수를 모르는 사람은 아닙니다. 어렴풋하게나마 예수가 메시아일지 모른다고 생각하는 사람의 반응입니다. 그의 말은 '내가 지금 당하고 있는 고통에서 나를 구해줘. 내 문제를, 내 필요를 내가 원하는 방식으로 지금 해결해달라.'는 것입니다.

예수가 메시아일지 모른다고 생각했지만, 그가 바라는 메시아는 승리주의에 기초한 메시아였습니다. 자신이 원하는 것을 언제든지 해낼 수 있는, 힘으로 승리를 선포할 수 있는, 그렇게 함으로써 하나님께 영광을 돌릴 수 있는 메시아를 원했습니다. 그런 메시아라면 지금 당장 나를 살릴 수 있고, 살려야 한다고 생각했습니다. 그는 이스라엘 민족 대다수가 그랬듯이 로마의 압제에서 이스라엘을 해방시키는 메시아, 우리의 고통을 해결해주는 메시아를 바랐습니다.

다른 한 사람은 "너는 하나님이 두렵지도 않으냐?"고 말합니다. 그는 "이분은 아무것도 잘못한 일이 없다."는 사실을 분명히 합니다. 아무 잘못 없는 예수가 도리어 자신을 죽이는 이들을 용서해달라고 기도하자, 예수가 정말 메시아일지 모른다는 겨자씨만한 믿음이 생겨납니다. '대체 누구기에 모멸과 치욕의 순간에도 자기를 고통스럽게 하는 이들을 용서해달라고 하는가? 정말 메시아가 아닐까?'

그러고는 놀라운 말을 합니다. "우리는 우리가 저지른 일 때문에 그에 마땅한 벌을 받고 있다." 절체절명의 순간에 다른 사람이나 주변 환경에 화살을 돌리지 않고, 자신의 책임을 솔직히 고백합니다. 쉽지 않은 자기 성찰입니다. 그러면서 "주님의 나라에 들어갈 때, 나를 기억해주세요."라고 구합니다. 자격이 없지만 은혜를 베풀어 달라고 이야기합니다. 이것이 기독교의 핵심입니다. "당신이 만약 그리스도시라면 제가 그 사실을 겨자씨만한 믿음으로 고백합니다. 그러니 당신의 나라에 들어갈 때 자격 없는 저도 같이 들어가게 해주십시오."

오늘날에도

두 사람은 결정적 순간에 다른 반응을 보입니다. 오늘날 수많은 사람들이 예수를 처음 만났을 때, 또한 예수를 알아갈 때 보이는 반응과 유사합니다. 사람들은 예수에 대해 들어봤고, 지금도 듣고 있습니다. 하지만 반응은 나뉩니다. 하나는 "네가 메시아라면 나를 내가 원하는 방식으로 살려봐."이고, 다른 하나는 "당신이 메시아시라면 당신의 뜻대로 저를 살려주세요."입니다.

자신이 원하는 예수를 믿기 원하는 분들이 지금도 있습니다. 자신이 원하는 하나님 상이 있습니다. 하나님이 이렇게 저렇게 해줘야 한다고 생각합니다. 그런 하나님이 아니면 "그게 무슨 하나님이야?"라고 말합니다. 어쩌면 많은 그리스도인 역시 비슷할지 모릅니다. 차마 이렇게까지는 말하지 못해도 하나님과 '협상'을 합니다. "하나님, 제가 헌신할 테니까 이것 들어주세요. 이것 해주시면 제가 이렇게 할게요." 하나님과 거래를 시도합니다. 그래도 안 들어주시면 투정하고 덤비면서 끝까지 자신이 원하는 것을 하나님께 얻어내려고 합니다.

우리는 예수에 대해 선택적으로 각색해서 듣는 위험에서 빨리 벗어나야 합니다. 그렇지 않으면 영원히 예수를 만날 수 없습니다. 선택하고 각색해서 듣는 위험성은 교회 생활을 하다 보면 자주 나타납니다.

교회에 어떤 어려움이나 갈등이 생기면 많은 이야기가 퍼집니다. 그럴 때 말을 옮기지 말아야 합니다. 사람은 자신이 해석한 대로 듣는 경향이 있습니다. 그러고는 자신이 각색한 이야기를 다시 전달합니다. 들은 사람은 또다시 재해석합니다. 이렇게 몇 단계만 거치면 실체는 알아볼 수조차 없어집니다.

인간관계뿐만 아니라 하나님과의 관계에서도 마찬가지입니다.

끊임없이 예수에 대해 듣지만 다른 사람들이 선택적으로 해석한 것을 듣고, 또 자신이 듣고 싶은 것만 듣습니다. 자신이 원하는 예수상만 강화합니다. 그럴 때 사람은 변하지 않습니다.

자신이 원하는 예수만 믿고 싶을 때, 그 방향대로 예수를 끊임없이 재구성할 때, 예수를 만났어도 삶에 변화가 일어나지 않습니다. 자기가 만들어 놓은 예수에 갇히고 맙니다.

강도 중 한 사람은 자신을 성찰했습니다. 예수를 만난 자리에서 자신이 원하는 예수를 바라본 게 아니라, 그 앞에서 자신을 바라봤습니다. 그제야 자신이 죄인인 줄 깨달았습니다. 다른 사람과 비교하며 '내가 무슨 죄인이야?'라던 사람이, 주변 환경이나 타인을 탓하던 사람이, 예수 앞에서 허물어져 "나는 죄인입니다. 심판 받는 것이 마땅합니다."라고 고백합니다. 우리도 그처럼 예수 앞에서 자신을 성찰할 수 있습니다. 예수를 만났기 때문에 자신을 성찰하게 됩니다.

그런데 예수 앞에서 자신을 성찰하기는커녕 오히려 이상한 모습으로 굳어져 가는 사람도 종종 만납니다. 신앙은 자기 성찰을 통해 하나님께 더 나아가는 것인데, 도리어 신앙을 자기 합리화의 도구로 사용합니다. 이들은 예수를 만나도 변하지 않고, 오히려 더 낯 뜨거운 행태를 보입니다.

예수를 통해 자기가 누군지 깨달은 십자가의 죄인이 예수에 대해 완전히 이해했을까요? 아닙니다. 방금 듣고 깨달은 정도입니다. 예수에 대해 알고 이해하는 양으로 치면, 이 강도보다 오늘날의 우리가 훨씬 많습니다. 하지만 여기에서도 필요한 믿음은 작디작은 믿음입니다. 겨자씨만한 믿음만으로도 충분히 구원에 이르고 있습니다.

오늘 내가 알게 된 예수에 대해 작은 믿음으로 진실하게 반응하는 것이 필요합니다. 예수에 대해, 하나님에 대해 모두 다 알 도리는 당연히 없습니다. 반복해서 강조하지만 우리의 구원은 세게 믿어서 얻은 것이 아닙니다. 구원은 내가 알고 깨달은 예수께 진실하게 반응함으로, 곧 믿음으로 주어지는 것입니다.

가장 큰 복

우리가 처음 예수를 믿고 하나님을 따르기 시작했을 때 얼마나 알고 따랐을까요? 정말 초보적인 지식 아니었나요? 물론 시간이 한참 흐른 다음에도 그렇다면 곤란하겠죠. 그리스도인은 세월이 지나면서 예수를 점점 더 깊이 알아갑니다. 문제는 알고 깨달은 예수에 얼마큼 진실하게 반응하는가 입니다. 세 십자가 이야기도 그래서 기록되었다고 생각합니다. 어떻게 반응하는가에 따라 변화가 일어나기도 하고 일어나지 않기도 합니다.

"주님의 나라에 들어가실 때, 나를 기억해주세요."라고 요청하자, 예수는 이후에 많은 사람들이 기억하는 아주 유명한 대답을 합니다. "너는 오늘 나와 함께 낙원에 있을 것이다." 여기 나오는 낙원은 성경에서 세 번밖에 사용되지 않기 때문에 이 본문을 놓고 적지 않은 신학적 논쟁이 있었습니다. 이를 여기서 자세히 논하고 싶지는 않습니다. 여기서 기억해야 할 것은 낙원보다 더 중요한 것이며, 그것은 '예수와 함께한다는 것'입니다. 예수께 드린 "주님의 나라에 들어갈 때 나를 기억주세요."라는 작은 요청이 놀라운 결과를 낳습니다.

여기서 생각해봅시다. 그리스도인이 신앙생활 중에 경험하는 가장 큰 변화가 무엇일까요? 예수를 믿었더니 아파트도 생기고, 아이도 대학을 잘 가고, 사업도 잘 되는 그런 것들일까요? 그것들이 예수를 만났을 때 얻는 복인가요? 예수를 만났을 때 얻는 가장 큰 복은, 예수를 만났을 때 어렴풋하게나마 깨닫는 것은 '그분이 나와 함께하시는구나. 나를 떠나지 않으시는구나.' 하는 사실입니다. 그와 함께 있게 되었다는 앎이 가장 큰 변화입니다.

그런데 예수는 흥미롭게도 '오늘' 함께 있을 것이라고 말합니다.

예수는 사흘 동안 무덤에 있다가 부활하셔서 40일간 이 땅에 머물다가 하늘로 올라갑니다. 십자가에 매달린 강도는 나중에 완벽하게 임하는 하나님 나라인 새 하늘과 새 땅에 들어가는 것이 아니라 바로 '오늘'부터 예수와 함께 있게 됩니다. 겨자씨만한 믿음으로 예수가 메시아일지 모른다고 생각해서 그분 앞으로 나아갈 때 받는 가장 큰 복은 바로 오늘, 지금부터 예수와 함께한다는 것입니다. 오늘부터 영원히 예수와 함께 동행한다는 것입니다. 그것이 가장 큰 복이며 기독교 신앙의 본질입니다.

다른 한 사람은 어떻게 되었을까요? 그는 극악한 십자가 형을 치르고 결국 죽어서 홀로 남습니다. 누군가 주장하듯 완전한 무(無)가 되었을지, 지옥에 떨어질지 우리는 정확히 알 수 없습니다. 하지만 한 가지는 확실합니다. 생명의 주시며 이 세상을 지으시고 다스리시는 분과는 아무 상관없는 존재가 되었습니다. 그분과 영원히 동행하는 삶과 그분과 영원히 관계없는 존재가 되는 변화의 분기점을 우리 역시 지나고 있습니다.

늘 '오늘'이다

예수의 별칭인 임마누엘의 뜻은 "하나님이 그분의 백성과 함께 계신다."입니다. 예수는 자신을 메시아로 믿고 왕으로 따르는 이들과 영원히 함께하겠다고 말씀합니다. 이 같은 동행을 세례 받을 때 일어나는 일회적 사건으로 강조하는 이들도 더러 있습니다. 그 순간에는 예수를 메시아이자 왕으로 인정하고 그리스도인이 되지만, 그것으로 끝이라고 생각하는 그리스도인이 적지 않습니다. 이 사건은 일회적으로도 일어나지만 일생을 통해 매일매일 지속되는 축복입니다. 고백한 '오늘'부터 그분은 계속 함께하십니다. 그리스도인의 삶은 늘 바로 여기에서 그분과 함께하는 것입니다.

저 역시 이 사실을 매번 새롭게 깨닫습니다. 얼마 전에는 며칠 동안 책을 마무리하느라 몸이 좀 힘들었습니다. 몇몇 불평거리도 있었습니다. 주일 설교까지 준비하느라 너무 지치다 보니 나도 모르게 궁시렁거리고 있었습니다. 마음에 기쁨이 별로 없었습니다.

그런데 설교 준비를 하면서 후회했습니다. '매 순간 감사하라면서 정작 나는 안 그렇구나. 나이 들어서도 의미 있는 사역을 계속하고 책도 쓰고 설교도 하는 것이 얼마나 고마운 일인데, 감사를 또 놓치고 살고 있구나.' 오늘 이 순간은 잠깐 사이에 지나갑니다.

주님이 그 순간순간에 함께하기 원하십니다.

　믿음은 이처럼 주님과 '오늘' 함께하는 겁니다. 지금 여기에서 말이죠. 예수가 한 죄인에게 하신 말씀이 그것입니다. "오늘, 지금 이 순간부터 너와 함께하겠다." 신앙은 무엇을 외워서 고백하는 것이 아닙니다. 내 신념을 강하게 주장하는 것도 아닙니다. 신앙은 바로 오늘 이 자리에서 그분과 함께하는 것입니다. 그분과의 우정이며 그분과의 사랑입니다.

　우정과 사랑은 함께 지내면서 생깁니다. 우리 교회는 가정교회로 이루어져 있고, 각 가정교회를 맡고 있는 분을 목자라고 부릅니다. 목자들은 열 개가 넘는 마을별로 모이는데, 저는 마을별로 한 달에 한 번 정도 돌아가면서 식사를 합니다. 그렇게 하면 적어도 1년에 한 번 정도는 목자들과 만나서 이야기를 나누게 됩니다. 그러나 최근에는 솔직히 모임을 마치고 헤어지고 나면 마음이 좀 허합니다. 교회 초기에 누렸던 친밀감은 조금 덜한 느낌입니다.

　대신 목자들의 목자라고 할 수 있는 마을지기들과는 거의 매달 하루 저녁을 함께 보내는데, 그것도 12명이 넘어가니 충분히 이야기를 나누지 못합니다. 그래서 최근에는 교회를 분립하여 좀 더 결속력이 있는 공동체를 세울 준비를 하고 있습니다. 관계나 우정, 사랑은 함께 있을 때 생깁니다. 한 달에 한 번, 일 년에 한 번이라도 만나서 시간을 들여야 관계는 유지되고 깊어집니다.

사람이 언제 변할까요? 관계가 언제 깊어질까요? 우정이 언제 생길까요? 그 사람에 대해 생각만 해서는 관계가 깊어지지 않습니다. 관계와 우정은 함께 할 때 깊어집니다. 예수는 우리와 함께하기 원합니다. 예수를 일상 속에서 늘 생각하는 것도 좋은 일입니다. 하지만 예수와 같이 있는 시간을 배타적으로 갖는 것은 전혀 다른 차원의 일입니다.

그리스도인의 신앙에 필요한 것은 예수와 배타적으로 함께 있는 시간을 확보하는 것입니다. 이런 배타적인 시간에 기초하여 일상에서 늘 예수를 기억하며 살아가는 것입니다. 영성 훈련 하는 분들이 강조하듯이 하나님의 임재 의식 속에서 살아가는 것입니다. 그럴 때 그분과의 사랑도 점점 깊어지고 우정도 더욱 진해집니다. 그때 우리는 비로소 변하기 시작합니다.

배타적으로 함께 있는 시간

여러 이유가 있겠지만 예수를 오래 믿어도 변하지 않는 분들의 공통점은 예수와 배타적으로 함께 보내는 시간이 없다는 것입니다. 인생의 최우선순위에 그분과의 만남을 두지 않습니다. 내가 원하는 예수가 아니라 성경에서 가르치는 예수가 누구인지를 알아 가는 특권을 누리지 않습니다.

예수에게서 나타난 하나님은 어떤 모습인지, 예수의 마음속에 있었던 가장 큰 짐이 무엇이었는지, 예수께서 그토록 가르치기 원하셨던 사상이 무엇인지, 십자가를 향해 걸어가신 예수의 뜻은 무엇이었는지, 그로 말미암아 우리에게 어떤 일이 성취되었는지, 그 예수께서 지금 무슨 일을 하고 계시는지, 그분이 공동체를 이루어서 지금 무슨 일을 어떻게 하고 계시는지, 그리고 다시 오셔서 세상을 온전히 회복하시려는 예수의 마음은 어떠한지…. 인생의 최우선순위에 그분과의 만남을 두고, 내가 원하는 예수가 아니라 성경에서 가르치는 예수가 누구인지를 알려고 애써야 합니다.

예수를 알아 가면서 우리는 그분을 통해 자신을 성찰합니다. 주변 사람에 자신을 비추어 보는 것은 자기 비교밖에 안 됩니다. 자기 성찰은 하나님 앞에서 스스로를 돌아보는 것입니다. 그때 내 진짜 모습이 나타나고 내 속에 숨은 우상들이 드러나기 시작합니다.

다시 한 번 강조하지만 성찰의 시간이 없으면 신앙이 오히려 이상한 인간상을 만들어낼 수 있습니다. 신앙으로 자기 생각을 끊임없이 합리화하는 사람이 될 수 있습니다. 그것은 거짓 신앙입니다.

그가 누구이신지와 내가 누군지가 분명해지면 나를 향한 그분의 뜻도 선명해집니다. 그러면 우리는 그분의 뜻 속에서 '오늘'을 살 수 있습니다. 매일 그분과 동행하는 법을 배워 나갑니다. 예수를 있는 그대로 알아 가고, 그분을 통해 나를 바라보고, 그분과 오늘을 동행하는 것, 이것이 우리가 누려야 할 신앙입니다.

하루하루가 모여서 내 인생이 됩니다. 매일 그분과 함께하지 않으면 듬성듬성 연결된 인생으로 끝납니다. 약간의 변화는 있겠죠. 아예 처음부터 그분을 몰랐던 것보다는 낫겠죠. 하지만 매일 충만할 수 있는 인생을 그렇게 맥이 뚝뚝 끊어진 인생으로 마무리하기에는 너무 아쉽습니다.

아직 예수를 만나지 않았고 따르지 않는 분이라면 출발이 중요합니다. 두 죄인은 십자가에서 마지막 기회를 맞이합니다. 아직 출발점을 지나지 않은 분은 그 출발점을 만날 수 있도록 깊이 기도하고 고민하십시오.

이미 출발점을 지나오신 분 중에 인생에 별반 변화가 없는 분이라면, '나는 예수를 알아 가고 있는가?'를 진지하게 질문해보십시오. 알아 가고 있다면, 안 만큼 겨자씨만한 믿음으로나마 진실하게 반응하고 있는지 질문해보십시오.

예수는 한 번 만나고서 내 마음속 구석에 잘 보관하는 분이 아니라, 일생에 한 번 만나 관계를 맺고, 우정을 쌓듯이 인격적 관계를 맺으면서 사랑하고 동행할 분입니다. 이런 분을 매일 알아 가면 변화는 피할 수 없습니다.

오늘이 사라지기 전에

드디어 이 책의 마지막에 다다랐습니다. 책을 읽어 가면서 예수에 대해 깨달은 게 있다면, 그에 대해 인격적으로 반응할 수 있습니다. 그 기회는 오늘이 마지막입니다. 물론 내일 다시 생각해도 되고, 일주일이나 한 달 후에 다시 읽고 생각해도 됩니다. 그러나 우리 인생은 흘러갑니다. 시간은 물 쓰듯 쓸 수 있는 무한한 것이 아니며, 얼마큼 주어진지 모르는 한정된 시간을 오늘 내가 써버리는 것입니다. 다시 돌아오지 않습니다.

'두 죄인은 곧 죽을 사람들이니까 마지막이지만, 나는 안 그래.'라고 생각하실지 모릅니다. 하지만 오늘은 다시 돌아오지 않습니다. 인생은 매 순간이 마지막입니다. 제가 궁시렁거리며 불평했던 그 오후는 다시 돌아오지 않습니다.

예수를 만나도 구원받지 못하는 분들이 많습니다. 기회가 또 있다고 미루기 때문입니다. 예수를 알아 가면서도 성장하지 않는 분들도 많습니다. 예수를 통해 자신을 진실하게 성찰하고 메시아 예수를 절실하게 원하면서도, 조금 더 예수를 알고 나서 조금 더 변하고 나서 결단하겠다고 미루기 때문입니다. 안타까운 일입니다.

자기 중심의 삶에서 우주와 내 인생의 주인이신 하나님 중심의 삶으로 전환할 수 있는 특권을 계속 미루면서 때로는 아예 날려버리고 맙니다. 성경을 읽고 설교를 들으면서 예수에 대해 뭔가를 깨달은 것 같은데도 변하지 않는 분들이 있습니다. 예수를 안 만큼 믿음으로 그날 반응해야 하는데, 내일로 그다음으로 미루기 때문입니다.

세상을 회복하고 계신 메시아 예수를 알아 가면, 그만큼 나를 향한 하나님의 고귀한 뜻도 분명해지고 그에 기초해 살아갈 수 있습니다. 그런데도 자신의 인생이 바뀌고 세상에 선한 영향력을 끼칠 수 있는 오늘이라는 기회를 놓치고 맙니다. 그렇게 하루하루 지나며 우리 인생은 흘러가버립니다.

예수를 만나면 인생이 안 변할 수 없습니다. 변화를 주도하고 이끌어 가시는 분은 그분이지만, 변화에 마음을 열고 겨자씨만한 믿음으로 반응하는 것은 우리 몫입니다. 예수를 만나도 변하지 않는다면, 그분을 잘 모르고 나를 잘 모르기 때문입니다. 무엇보다 알게 된 만큼 믿음으로 화답하지 않았기 때문입니다.

오늘은 오늘 주어지는 마지막 기회입니다. 오늘이 예수와 동행할 수 있는 바로 그때입니다. 때를 놓치지 마시고 예수의 초청에 지금 응하십시오. "나와 함께 살자. 특별히 뭔가를 하지 않아도 좋아. 그냥 나와 같이 살자." 우리를 있는 그대로 사랑하시는 그분과 함께 할 때 우리의 시간은 예전과는 달라지기 시작합니다. 매일 그분과 함께한 시간이 모여 내 인생이 되는 꿈을 지금부터 꿈꾸시기 바랍니다.

십자가의 예수를 만나고 믿어도
우리가 변화되지 않는 이유는
예수 믿는 이유를 단지 죽어서
천당 가는 것이라고 생각하기 때문입니다.
그러나 우리가 현재적 심판 아래 있고
마지막 심판이 유예되어 있는 동안,
하나님에 대해서 안 것만큼 미루지 말고
오늘 믿음으로 반응한다면 우리는 꾸준히 변화됩니다.

만남은
멈추지
않는다

나가며

예수가 내 인생에 들어오시면….

이 책을 쓰고 있는 저는 40여 년 전에 예수를 만났습니다. 그가 제 인생에 들어오시고 저는 변하기 시작했습니다. 어떤 때는 급격하게 변화하기도 했고, 신앙이 한 단계 점프한다는 느낌이 든 적도 있습니다.

하지만 어떤 때는 광야 같은 시간을 지나면서 이대로 정체되었다가 말라 비틀어져 버리는가 싶어 염려했던 때도 있습니다. 또 어떤 때는 나도 인식하지 못했던 숨은 우상이나 뻔히 알고 있는 우상에 끌려다니면서 삶을 허비하기도 했습니다. 그렇지만 예수를 지속적으로 알아 가면서 부침은 있었지만 계속해서 변화해왔습니다.

저만 그런 게 아니었습니다. 주변 많은 분들의 변화를 지켜보았습니다. 세상의 우상에 사로잡혔던 사람, 황량한 세상 속에서 소망이 전혀 없던 사람, 반대로 크게 성공했으나 내면의 공허함으로 괴로웠던 사람, 그들이 자신만의 여정을 걸어가며 변화하는 과정을 보았습니다. 누구보다 그들 자신이 스스로의 변화에 놀라워했습니다. 성경의 많은 인물들이 그랬고, 또 제가 그랬듯이 말이죠.

삶이 변하지 않는 가장 큰 이유는 예수를 만나지 않았기 때문입니다. 하지만 만나도 변하지 않는 사람도 있습니다. 자신의 변화가 너무 느리다고, 심지어 아무런 변화가 없는 것 같다고 푸념하는 그리스도인도 안타깝지만 있습니다. 앞서 살펴본 대로 성경에도 예수를 만났지만 변하지 않은 사람이 적지 않게 나옵니다. 무엇이 그

차이를 만들까요?

　함께 살펴본 일곱 가지 사례를 통해 참된 변화에 빠지지 않는 세 가지 요소를 발견합니다. 무엇보다 예수가 누구신지 알아 가야 합니다. 기독교는 진리를 추구하는 종교입니다. 진리 그 자체인 예수를 알아 가는 것이 첫 번째 중요한 요소입니다.
　진리를 알면, 살아있는 그 진리가 우리를 인도합니다. 진리가 분명할수록 진리가 우리를 압도합니다. 진리이신 예수를 알아 가는 것과 함께, 자신을 성찰하는 일도 꼭 필요합니다. 맑은 거울이 되시는 예수를 통해 자신을 진실하게 직면하고 성찰하지 않으면, 믿음은 자기 세뇌와 합리화의 도구로 전락하기 쉽습니다. 예수를 알아 가는 것과 자기 성찰, 그리고 또 한 가지가 빼놓을 수 없는 것은 바로 용기 있는 결단과 새로운 습관입니다. 알아 가는 만큼 결단하고 새로운 습관으로 살아갈 때 변화는 가속화됩니다.

이 글을 마무리하고 있는 지금 저는 가족과 함께 집을 떠나 있습니다. 우리 집을 혼자 지키고 있을 쥬디 걱정에 온 가족이 모처럼의 휴가 중에도 쥬디 이야기로 꽃을 피웁니다. 미물에 불과한 고양이 한 마리가 집에 들어와도 우리 삶은 영향을 받습니다.

그런데 세상을 심판하러 이 땅에 오셔서, 스스로 그 심판을 감당하시고 마지막 심판을 유예시키셨으며, 그 기간 동안 세상을 회복하기 위해 가열차게 일하시다가, 마지막 날에 다시 오셔서 세상을 완전히 회복하실 그분이 우리 인생에 들어오셨는데, 아무런 변화가 일어나지 않는다고요? 그럴 수는 없습니다.

예수를 진정으로 만나면 사람은 변합니다.

사명선언문

너희가 흠이 없고 순전하여……세상에서 그들 가운데 빛들로
나타내며 생명의 말씀을 밝혀 _ 빌 2:15-16

1. 생명을 담겠습니다
만드는 책에 주님 주신 생명을 담겠습니다.
그 책으로 복음을 선포하겠습니다.

2. 말씀을 밝히겠습니다
생명의 근본은 말씀입니다.
말씀을 밝혀 성도와 교회의 성장을 돕겠습니다.

3. 빛이 되겠습니다
시대와 영혼의 어두움을 밝혀 주님 앞으로 이끄는
빛이 되는 책을 만들겠습니다.

4. 순전히 행하겠습니다
책을 만들고 전하는 일과 경영하는 일에 부끄러움이 없는
정직함으로 행하겠습니다.

5. 끝까지 전파하겠습니다
모든 사람에게, 땅 끝까지, 주님 오시는 그날까지
복음을 전하는 사명을 다하겠습니다.

서점 안내

광화문점 서울시 종로구 새문안로 69 구세군회관 1층
02)737-2288 / 02)737-4623(F)

강남점 서울시 서초구 신반포로 177 반포쇼핑타운 3동 2층
02)595-1211 / 02)595-3549(F)

구로점 서울시 동작구 시흥대로 602, 3층 302호
02)858-8744 / 02)838-0653(F)

노원점 서울시 노원구 동일로 1366 삼봉빌딩 지하 1층
02)938-7979 / 02)3391-6169(F)

일산점 경기도 고양시 일산서구 중앙로 1391 레이크타운 지하 1층
031)916-8787 / 031)916-8788(F)

의정부점 경기도 의정부시 청사로47번길 12 성산타워 3층
031)845-0600 / 031)852-6930(F)

인터넷서점 www.lifebook.co.kr